A [

40+
İTİRAF HİKÂYELERİ

40+ İTİRAF HİKÂYELERİ

Adil Yıldırım

Genel Yayın Yönetmeni: Mustafa Kutlukhan Perker
Üretim Koordinatörü: Semran Karaçayır
Editör: Neslihan Perker
Sayfa Düzeni: Melike Doğan
Sosyal Medya-Grafik: Tuğçe Budak-Mesud Topal-Nursefa Üzüm Kalender

1-5. Baskı: Ocak 2022
6-8. Baskı: Şubat 2022
9-10. Baskı: Mart 2022
11-13. Baskı: Haziran 2022
15. Baskı: Kasım 2022

ISBN: 978-625-7217-91-0

İmtiyaz Sahipleri: Yelda Cumalıoğlu, Mustafa Kutlukhan Perker
KaraKarga Yayınları, Destek Yayınları'nın alt kuruluşudur.

Yayıncı Sertifika No. 13226
Adres: Abdi İpekçi Cad. No. 31/5
Nişantaşı / İstanbul
Tel. (0 212) 252 22 42
Faks: (0 212) 252 22 43

karakarga.com
info@karakarga.com
karakargayayinlari
karakargayayinlari
karakargayayin

Baskı: Deniz Matbaa Mücellit
Adres: Maltepe Mahallesi Hastane Yolu Sokak
No. 1/6 Zeytinburnu - İstanbul
Tel: (0) 212 613 30 06
Matbaa Sertifika No. 48625

KARAKARGA

Destek Dukkan

ADİL YILDIRIM

40+
İTİRAF HİKÂYELERİ

İÇİNDEKİLER

"*Cehennem boş*; çünkü bütün şeytanlar burada..."
William Shakespeare

KÖTÜLÜĞE GİRİŞ

Her insanın kötülük ile tanıştığı bir an vardır. Bir yaş demiyorum çünkü kaç yaşında içimizdeki şeytanı keşfettiğimizi hatırlamayız oysa o şeytan ile göz göze geldiğimiz anı asla unutmayız. Kötülüğün sorumluluğunu her zaman bizim dışımızdaki bir şeytan imgesine yüklerken rahatlarız, bu durum geceleri daha rahat uyumamızı sağlar ve vicdan denen ağırlığın altında ezilmemiş oluruz. Aslında, son derece iyi kalpli olan bizleri sürekli kötülüğe sürükleyen o şeytan figürü, bizi kötülük yapmaya teşvik ederken suçsuz olduğumuzu bilmek isteriz. Bunu biliyor olmanın dayanılmaz hafifliği ile her sabah yataktan kalkarız çünkü dışarıdaki umut dolu hayat bizi beklemektedir.

Hayata devam edebilmek iki şekilde mümkündür; görmezden gelmek ya da olup biten her şeyin sorumluluğunu bizim dışımızdaki koşullara bağlamak. Görmezden gelmenin maliyeti bana kalırsa oldukça büyüktür, çünkü böyle davranan insanlar hissizleşir ve yaşam sevinçlerini kaybederler. Öte yandan, ikinci yolu deneyerek kötülüğün utancını kendisi dışındaki unsurlara bağlayan insanlar ise, belki çok mutlu bir hayat yaşar fakat ömür boyu kendilerine yalan söylerler.

İnsan ruhunda iyilik ile kötülük sürekli savaş halindedir ve bu savaşı kimi zaman iyi tarafımız kimi zaman ise karanlık ruhumuz kazanır. Eğer bir insanın içinde hiçbir kötülük düşüncesi olmasaydı o insanın iyilikten yana olduğunu söyleyemezdik. Çünkü seçme şansı olmayacaktı, ruhunda ona sadece iyilik sunulduğu için mecburen iyi olmak zorunda kalacaktı. Oysa bir insanın içindeki kötülük ne kadar güçlüyse, iyilikten yana olması o kadar değerlidir. Ruhundaki şeytani taraf ona kötülük yapmasını fısıldarken, o yine de buna karşı durabildiğine göre iradesi çok güçlü bir insandan bahsediyor oluruz. Bu nadir bir durum; çünkü genelde insan zayıf bir varlıktır ve hem kötülük yapmayı hem de bunun ağır sorumluluğundan uzak durmayı tercih eder. Daha da kötüsü, insanın özü ego ile çalışır ve kimse zaaflarını kabul etmek istemez...

Bu kitap bir istisna olacaktır çünkü yazılış hikâyesi az önce yukarıda okuduğunuz bazı satırları yalanlıyor. Yaptığı kötülüklerin sorumluluğunu almak istemeyen insanların, hayatlarında bir defa olsun farklı davranıp ruhlarındaki şeytani kötülükleri ortaya koydukları hikâyeler bazı sayfalarda sizi dehşete düşürebilir. İşin ilginç yanı, kitabın ortaya çıkma hikayesinde, yürüdüğümüz yolları itirafta bulunan insanların döşemiş olmasıdır. Daha ilginç olan ise itirafta bulunan herkesin sonrasında derin bir nefes almasıydı. Öyle bir nefes ki yeryüzüne yeni gelmiş bir bebeğin ilk nefesine benzetmiştim fakat biraz daha dikkat edince, aslında öyle olmadığını ve tam aksine son nefesini hiç arkasına bakmadan veren bir insanın yüzündeki rahatlama ifadesi ile itirafta bulunduklarını fark ettim. Bu durum her defasında tüylerimin diken diken olmasına neden olurken, aynı zamanda itiraf kavramının insan ruhu için ne kadar rahatlatıcı olduğunu görmemi sağladı.

Bu satırları yazmadan altı ay önce başladı bu kitabın yolculuğu ve sanırım eğer detayları verirsem ben de bir miktar rahatlamış olacağım.

2020 senesi Haziran ayının ortaları gibi, İstanbul'da bahardan hızla yaz mevsimine doğru geçiş yapan rüzgârları dinlediğim bir tepede uzun zamandır görmediğim bir dostum ile kahve içiyordum. Aramızdaki sessizlik, sırtını otuz yıllık dostluğumuza dayamıştı ve birbirini iyi anlayan insanların sessizce anlaşabildikleri bir çeşit huşu içinde kahve keyfini yaşıyorduk.

"Yeni kitabın ne üzerine olacak?" diye sordu aniden.

"Düşünüyorum" dedim, kısaca.

Sonra aklıma geldi ve birden ekledim; "*Flört Etme Sanatı*'nı daha yeni çıkardım, bir ay bile olmadı, bırak da biraz dinlenelim."

Bakışlarından hafif bir gülümsemenin geçip gittiğini gördüm ama yüzüne yayılmadan onu saklamayı başardı. Beni o kadar uzun zamandır tanıyordu ki ne düşündüğünü hemen anladım.

"Bu sefer öyle olmayacak, biraz dinlenmek istiyorum" dedim.

Hiç inanmadığını belli eder şekilde kafasını salladı ve uzaklara bakmaya devam etti.

"Konuşabilirsin" dedim.

"Konuşabileceğimi biliyorum ama gerek yok" dedikten sonra kahvesinden bir yudum aldı ve sözlerine devam etti, "Senin zihninde her zaman yeni fikirler dolaşır ve sen yelken açacak yeni bir rüzgâr bulursun" dedi.

Neden bilmiyorum ama dudaklarımdan şu sözler dökülünce ben bile şaşırdım: "İnsanların günahlarını yazmak isterdim."

"Benden başlayabilirsin hocam" dedi, "Sana daha önce anlatmadığım bazı günahlarımı çıkarabilirim ama bir şartla; ismimi yayımlamayacaksın." Şaşkın bakışlarımı görünce devam etti,"Bence bu bir ihtiyaç ve bana iyi gelebilir, üstelik senden daha çok güvenebileceğim başka birini tanımıyorum. Senin aradığın gerçek hikâyeler değil mi?"

"İyi de tek bir hikâye yeterli olmaz, farklı hikâyelerden oluşan bir kitap yazmaktan bahsediyorum." dedim.

"Bunda ne var?" diye çıkıştı aniden, "Etrafına bir baksana, herkes günah çıkarmak istiyor, insanlar her gün kötülük yapmaya devam ediyorlar, yeterince hikâye bulursun."

Bu satırları yazarken itiraf ediyorum ki bu fikir o zamanlar aklımdaydı ve sadece birinin beni cesaretlendirmesine ihtiyaç duyuyordum. Sanırım o anda ihtiyacım olan motivasyonu dostumdan almış olmanın güveniyle zihnimde kesin olarak bir karar vermiştim ama yine de ona bunun imkansız olduğunu söyledim.

İnsan ruhu böyledir, sevincini saklamayı sever...

Bana ısrar etmeye başladı, bu sefer rahatsız olduğumu belli eden bir ifadeyle ona baktım ve "Bugün benimle günah çıkarmak için mi görüşmek istedin?" diye sordum, "Berbat ruhunu arındırmak için beni kullanmana izin vermeyeceğim!"

Sessizce güldük ama artık önümde yeni bir yolun uzandığını sanırım ikimiz de biliyorduk.

Ona bir söz verdim ve hikâyesinde gerçek ismini kullanmadım. Bu kitapta yer alan itirafların tümünde isimler değiştirildi fakat hikâyelerin özüne dokunmadım. Ne bir kelime ekledim ne de çıkardım. Hikâyelerin kahramanlarını yakın çevremden seçtim ve itiraflar üzerine bir kitap yazmayı düşündüğümü onlara söylediğim zaman, ne kadar istekli olduklarını görünce şaşırdım. Bunun birkaç sebebi olduğunu düşünüyorum; öncelikle hepsinin de günah çıkarmaya ihtiyacı vardı çünkü ruhlarındaki yükten kurtulmak istiyorlardı. İkincisi bunu yaparken uzun zamandır tanıdıkları ve güvendikleri bir insanın onlara bu teklifle gidiyor olması ikna olmalarını sağlıyordu. Öte yandan kimseyi ikna etmek için çok uğraştığımı söyleyemem çünkü genelde herkes bu fırsatın üzerine atladı. Kitabın ana fikrinden bahsettiğim zaman "Düşünmem için bana biraz zaman ver" diyenler bile ertesi gün dönüş yaparak "Hadi görüşelim!" dediler.

Bazı sayfalarda okuyacağınız üzere; itiraflar sırasında bazen aramızda bir sohbet oluştu ve onlara sorular yönelttim. Bu soruları yanıtlarken hem kahkahalar attık hem de yeri geldi duygulandık. Kesin olan bir şey varsa; tüm itiraflar çok samimi bir sohbet içerisinde gerçekleşti ve yazıya dökme kısmında bile bazı anları hatırladığım zaman duygulandım.

Neden biliyor musunuz?

Çünkü yıllardır *yakından tanıdığımı sandığım* bazı insanların aslında bana ne kadar yabancı olduklarını ve onları hiç yakından tanımamış olduğumu gördüm. İnsanın bu hayatta yaşadığını tüm kalbiyle hissettiği bazı anlar vardır; işte ben bu kitabın yazılış sürecinde o anları derin bir nefesle içime çektim. Bunun ötesinde, onların ruhundaki saklı gizli köşeleri gördükçe yeryüzünde yalnız olmadığımı hissettim ve bu duygunun beni sımsıcak sardığını söyleyebilirim. Yalnız olmadığını hissetmek ve aynı deliliği paylaşmak- eğer bunun adına delilik denirse- insanın kendini iyi hissetmesini sağlıyor. Bu duyguyu seviyorum.

Daha önceki kitaplarımda olduğu gibi bu kitabın da benim hiç tahmin etmediğim köşelere ulaşacağını biliyorum. Dünyanın uzak ucunda yaşayan ve hiç tanımadığım okurlarımdan yorumlar geldiğinde, bunun sevincini yaşıyorum ve derin bir nefes gibi bu yorumları içime çekiyorum. Sanırım bu kitapla birlikte farklı bir duyguyu daha tadabilirim, bazı okurların ruhunda henüz tanışmadıkları veya yüzleşmek istemedikleri karanlık köşelerden mesajlar alacağım. Sayfaları çevirirken aramızda gizlice fısıldaşıyor olacağız çünkü biz aynıyız, bunu hissettiğinizi biliyorum ve bu bizim sırrımız...

Bu kitapta itiraflarını sizinle paylaşan insanlar farklı yaşam koşullarından geliyorlar, hepsini içimden geldiği gibi isimlendirdim ve yaşlarını bile belirtmek istemedim. Bazıları "İsmimle yayımlayabilirsin" dedi, ancak, insan bazen bir ruh haliyle verdiği karardan başka bir ruh haliyle pişman olabilir, bunu bildiğim için gerçek isimleri sakladım. Bununla yetinmedim ve onların çok istekli olmalarından faydalanarak hepsine resmi evrak imzalattım! Bu hikayemi yayımlayabilirsin diyerek imzaladılar.

Burada itirafta bulunan insanların arasında danışanlarım yoktur. Onların hikâyelerine hiçbir kitabımda asla yer veremem. İlginç bir şekilde bazı danışanlarım itiraflarıyla yer almak istediler ancak bunu kabul etmedim.

Bunun yerine yakın çevremden tanıdığım insanları tercih etmemin bir diğer sebebi ise şuydu; uzun yıllardır tanıdığım insanların aslında bana ne kadar yabancı olduklarını görmenin bana yaşattığı *vertigo* duygusu. İtiraf ettikleri bazı şeyler karşısında kanım dondu çünkü tanıdığı kişilerin kötü olduklarını anladığı anda insanın tansiyonu düşer ya; işte bunu yaşadım.

Yoğun bir adrenalin olduğunu itiraf etmeliyim...

Yakın çevrenizde olmayan ve gerçekte hiç tanımadığınız insanların kötülükleri sizi etkilemez çünkü onlar size yabancı oldukları gibi aynı zamanda kötü olabilirler. Bu durumu ilginç buluyorum; çünkü tanınmıyor olmak kötü olmaya giden bir geçiş izni gibidir...

Oysa tanınıyor olmanın ne kadar zor ve çetrefilli olduğunu size biraz anlatmak istiyorum. Hayatımın son iki senesi yoğun bir tanınma serüvenine dönüştü. Buna alışık olmadığım için ilk başlarda etrafımda neler döndüğünü anlamak biraz zaman aldı. Sonra buna alıştım ve insanın en büyük becerisi olan adaptasyon formülünü uyguladım. Beni yakından tanıyan insanlar dikkat çekmeden yaşamayı ne kadar sevdiğimi bildikleri için bu deneyime şaşırdılar, çünkü benimle birlikte nereye gitseler dışarıdan insanların yanımıza yaklaşıp resim çektirme istekleri onları şaşkına çevirdi. Normal şartlar altında bu durum bir insanı şımartabilir ancak bende böyle bir etkisi olmadı, sadece daha fazla sayıda insanla etkileşime geçmiş oldum, hepsi bu.

Benim yaşadığım şöhret sanırım tarihte daha önce yaşanmadı çünkü sadece kadınlar tarafından tanınan, ancak erkeklerin hiçbir şekilde tanımadıkları bir adam olmak dışarıdan bakıldığı zaman çok nadir bir şöhret çeşidi olabilir. Örneğin bir devlet dairesine gittiğim zaman kadınların "Aaaaa papatyam gelmiş!" diyerek etrafımı sardıkları ve erkeklerin yüzünde en ufak tanıdık bir ifade göremediğim anları unutamam. Bu süreçte televizyonda gündüz programlarına çıktım ve gündüz televizyon izleme fırsatı olan kadınların yoğun ilgisine mazhar oldum. Öte yandan sadece akşamları televizyon izleyen ve YouTube ile pek bir ilişkisi olmayan insanların tanımadıkları birisi olarak yaşantımı sürdürüyorum. Bu tanınma konusundan özellikle bahsetmek istedim, çünkü bu süreçte gerçekten ünlü olan ve milyonların kalbine girmiş bazı şöhret isimlerle dostluk kurdum. Bu kitapta onlardan bazılarının itirafları yer alıyor. Tanınma konusunun onlar için ne kadar önemli olduğunu yakından gözlemleyince oldukça şaşırdım çünkü bazı insanlar için yaşam sevinci tamamen şöhrete bağlı, gittikleri bir yerde tanınmadıkları zaman rahat olamıyorlar. Bunun bana ne kadar uzak bir duygu olduğunu anlayınca kendimi iyi hissettim çünkü kendimi iyi hissetmem için neyse ki birileri tarafından tanınmam ya da beğenilmem gerekmiyor.

İtirafta bulunan herkes farklı yaşam koşullarından gelse de hepsinin bir ortak noktası var. Buna özellikle dikkat ettim ve itirafları kabul ederken bu şarta uymayanları kabul etmedim. Hepsi de 40 yaş ve üzerinde olmalıydı!

6 Ocak 1982 doğumlu olduğum için bu kitabı 6 Ocak 2022 tarihine yetiştirmek için yoğun emek harcadığımı itiraf etmeliyim. Bazı hikâyelerin sahiplerini evlerinde ziyaret etmek ve hatta mecburen birkaç geceyi onların evinde geçirmek zorunda kaldım. Sabahlara kadar çay, kahve eşliğinde süren sohbetlerin tadı damağımda kaldı. Hepsinden şunu duydum, "İnsanları yargılama huyunun olmaması çok güzel." Bunu duyduğum zaman şaşırırım çünkü bu toplumda insanlar çevre baskısı ve kültürel şartlar nedeniyle yargılanmaya alışmışlar, dolayısıyla birisi onları hiç yargılamadan ve özenle dinlediği zaman buna şaşırıyorlar. Kendi eşiyle cinsellik yaşarken bile çevresi tarafından yargılanmaktan korkan insanlar var, en kötüsü de bütün hayatını başka insanların değer yargılarına göre şekillendirmeye çalışan insanların yaşadığı dramdır diyebilirim.

Her insan bir bireydir ve bağımsızdır, kimsenin değer yargılarını benimsemek ve ona göre hareket etmek zorunda değildir. Kendi ahlaki değerlerini dışarı yansıtan ve başkasının hayatına burnunu sokan bir insanın, kendi hayatında ne kadar ahlaklı olduğu konusu ise tartışmaya açıktır.

Hiçbir şekillendirmeye, hiçbir ahlaki yoruma veya dışarıdan müdahaleye açık olmayan ve kendi hayatını kimseye zarar vermeden gözlerden uzak yaşamayı tercih eden insanlar, bana kalırsa hayat denen bu oyunun kuralını en iyi anlamış olanlardır çünkü bu hayat bir hediyedir ve hediye kutusunu açarken kimseden izin almak zorunda değilsiniz.

Yıllar içerisinde binlerce insan ile birebir seans yaptım ve dışarıdan müdahaleye açık olan insanların çevre baskısı ve yorumlar nedeniyle kendi özel hayatlarında ne kadar büyük bir karmaşa yaşadıklarını gördüm. Oysa, birey olanlar ve kimsenin sözüyle hareket etmeyenler özel hayatlarında daha mutlu olmanın yollarını buluyorlar.

İtirafta bulunan ve hikâyesini başka insanlarla paylaşarak insan ruhuyla ilgili ışık tutmak isteyen herkes itirafını bitirdikten sonra derin bir nefes verdi, o anda yoğun bir rahatlama hissi yüzlerine yayıldı. *Kimse ruhundaki şeytanın yüküyle yaşamak istemez.*

Eğer hazırsanız başlayalım...

1

Ruhuma işlemiş pişmanlık duygusu...

Açılışı kendim yapmayı uygun buldum. Bu kitabın sonraki bölümlerinde okuyacağınız hikâyeler arasında kimi zaman kendinizden bir parça bulacağınıza eminim, çünkü ben onları dinlerken yalnız olmadığımı hissettim. İçindeki karanlıkları saklamaya çalışan ve günlük yaşama adapte olabilmek için geçmişteki günahlarından kaçan tek insan ben değildim. Bu duygu beni sarıp sarmaladı ve kitabın açılışını yapmam için cesaret verdi.

O sessizlik anını ben de yaşadım. Tam olarak şöyle tarif edebilirim; yüz yüze görüşmelerde bu kitap için bana itirafta bulunan herkes başlamadan önce yaklaşık on saniyelik bir sessizlik yaşadı. Onlara "Başlıyor muyuz?" diye sorduğumda gözlerime bakarak adeta "köprüden önce son çıkış" tabelasını görmüş gibi durakladılar, ayaklarını gazdan çektiler ama sonra, son bir cesaretle yeniden gaza basarak köprüye doğru yol aldılar. Bu deneyimi kitapta yer alan her insanda birebir olarak yaşadım diyebilirim. Başlamadan önce derin bir nefes alarak tutuyorlar, bana bakıyorlar ve sonra nefeslerini bırakarak anlatmaya başlıyorlar.

İlk bölümde benim itirafım yer alıyor ve bunu kimseye anlatmadım, şu anda sadece ve ilk defa olarak size anlatıyorum. Yazıya dökmeden önce bir süre kahvemi içmekle oyalandım, sonra bir süre karşımdaki duvarda asılı olan açık deniz manzaralı tabloya baktım ve harfleri ekrana yazıp sildim. Yazıp sildim. Başlamak istedikçe ruhumdaki bir el freni beni durdurmaya çalıştı ancak sonra içgüdüsel olarak ne yapmam gerektiğini anladım ve geri dönüşü olmayacak bir yolculuğa çıkar gibi şunları yazdım; "Ruhuma işlemiş pişmanlık duygusu..."

Üniversite yıllarımda bende İtalya merakı başlamıştı. Yüksek lisans için seçtiğim ülke hem yakındı hem de eğlenceli bir algısı vardı. Ne kadar garip, üniversitede Fransızca okumuştum ama gidip orada yaşamayı hiç düşünmedim. İtalyanlar pek de kibirli olmayan, çabuk sohbete girebilen ve eğlenceli insanlardı, dolayısıyla orada keyfime bakarım diye düşünerek yola çıktım. Bir şeyin başlangıç noktası keyif olduğunda bazen finali hüzünle yaparsınız. İtalya maceramın finali hüzünlü oldu diyemem ancak bu satırlarda anlatacağım hikâye aradan yıllar geçmesine rağmen benim için halen hüzünlüdür.

İtalya'ya beni sürükleyen maceranın detaylarına girmeden önce çocukluğumdan bazı sahneleri anlatmanın daha uygun olacağını düşünüyorum.

Ben seksenli yılları görmüş biri olarak o yılların kendine ait neşesini ve masumiyetini hatırlıyorum. Dünyada her zaman olduğu gibi yine kötülük vardı, ancak güneşin bir insanın yüzüne düştüğünde daha fazla aydınlattığını anımsıyorum. Beş, altı yaşlarındaki bir çocuğun düşüncelerinde her şey kristal kadar parlak ve kusursuz olduğu için seksenli yıllarda İstanbul'un eski filmlerdeki arabalarını ve vapur yolculuklarımı hatırlıyorum ve elbette başrolde genelde aynı insan yer alıyor; anneannem.

Anlatılmaz yaşanır dediğimiz insanlar vardır ya hani, işte öyle bir kadındı. Ben onu şöyle tarif edebilirim; hayata karşı mücadele ruhuyla dolu bir kadındı. Sanıyorum otuzlu yıllarda doğmuş, evlendikten sadece bir sene sonra eşini bir hastalıktan kaybetmiş ve çocuğunu kendi başına yalnız büyütmüş bir kadın. Dolayısıyla anneannem hem geçinmeyi, hem annelik hem de babalık yapmayı öğrenmişti, üstelik asla bir drama kraliçesi değildi yani her şeyle dalga geçmeyi ve gülüp eğlenmeyi biliyordu. Bazı insanlar başlarına gelen kötü olaylar nedeniyle sürekli mağduru oynamayı severken, bazıları ne olursa olsun kendilerini mağdur olarak görmekten hoşlanmaz ve hayatın üstüne gitmeye devam ederler. Anneannemin ailesi aslen Kafkas göçmeniydi ve araştırdığım zaman Çerkes olduklarını öğrendim. Dolayısıyla savaşçı bir ırkın temsilcisi olduğunu kendi hayatında kanıtlamıştı.

Çocukluğumda onunla geçirdiğim zamanlar benim için önemliydi ama bunun sebebi onun savaşçı olması falan değildi elbette, asıl mesele onun küfürlü ve bol argolu fıkralarıydı. Kendisi gibi 50 yaşın üzerindeki kızlar grubuyla toplandığı zaman beni de yanlarına alır ve çok küçük yaştan eğitmek için bazı fıkralar anlatırlardı. Şöyle ki her yaz Balıkesir'de onun evine giderdim ve yaz sonunda yeni fıkralar öğrenmiş olarak eve döndüğüm zaman ona bir telefon giderdi: "Anne bu çocuğa neden bu fıkraları öğretiyorsunuz?"

Dolayısıyla kadınların arasında büyüdüm diyebilirim, hepsi de 50 ve 60 yaşlarında, Ege aksanıyla konuşan ve bol küfreden, tamamen argo konuşan ve kocalarını yönlendiren, son derece güçlü karakterde kadınlardı. Aralarında vakit geçirirken gülmemek elde değildi ve torunlarını bana yapmaya çalışırlardı. O yıllardan kalan beşik kertmem olduğunu biliyorum ancak hiçbir zaman iletişimim olmadı. Kıza hak veriyorum, çünkü bana hangi kadın grubunun eğitim verdiğini öğrendiyse benden uzak durması gayet normaldir!

Bir yaz sabahını hatırlıyorum, anneannemin karpuz bostanına gitmiştik ve karpuz toplama mevsimi olduğu için işçiler çalışıyordu. Ben hayatımda bir daha hiç göremeyeceğim kadar çok sayıda karpuzu birlikte görünce sağa sola koşturmaya başladım, hangisini yesem diye düşünüyordum ama en fazla beş yaşlarında falan olmalıydım. Bir karpuzdan tek bir dilim yemek bile benim için büyük bir olaydı, üstelik her bir karpuz benden büyüktü. Beni görünce, "Sağa sola koşturma git çalış karpuz topla hadi bakem!" diye bağırdı, insan zihni oyunlar oynuyor ve ben bu satırları yazarken onun sesini duydum ve o sahneyi tekrar yaşadım. Güneşin altında çalışan insanları gördüm ve o sıcakta neden karpuz topladıklarını anlayamadım, o zamanlar hayat mücadelesinden haberim yoktu, sadece yeryüzüne adapte olmaya çalışıyordum çünkü bu deneyimde henüz beş yıllık tecrübem vardı.

Balıkesir'de tütün toplanırdı, yoğun tütün üretimi vardı. Tütün, toplayan insanların ellerinde katran siyahı iz yapardı ve ne kadar yıkasalar da o tütün izi geçmezdi çünkü ellerine yapışırdı. Beş yaşında bir çocuk için tütün toplayan insanları izlemek ve sonra ellerini yıkadıkça geçmeyen zehri görmek zihnime yerleşmiş, sigara paketlerinin üzerindeki insanları caydırmaya çalışan resimler benim için hiçbir şey ifade etmiyor,çünkü o zehrin insanların eline nasıl yapıştığını çok küçük yaşlarda görmüştüm.

Bana ufak plastik bir güneş gözlüğü almışlardı, bazen benimle dalga geçmek için o gözlüğü takmamı söyleyip, "Hadi bakem gızlara hava at biraz!" diye dolaştırırlardı. Aynı yaştaki kızlar bana bakınca utanırdım ve ninemin kızlar grubu tayfası bunu görünce gülmekten yerlere yatardı. Eğlenmek ve kendilerine malzeme bulmak için hiçbir fırsatı kaçırmıyorlardı, özellikle de kızlardan utanan bir erkek çocuğu onlar için güzel bir malzemeydi. Ufakken saçlarım vardı, bugünkü gibi kel değildim, dolayısıyla kıvırcık sarı saçlarımı tarayıp "Çapkın çocuk" diye dalga geçerek beni gezdirmeyi severlerdi.

Bu kızlar grubuyla ilgili hatırladığım şeylerin başında hiç bitmeyen neşeleri gelir, o yaşlarda şunu anlamıştım; eğer hayattan gerçekten keyif almak istiyorsanız etrafınızda size keyif verecek çok şey bulabilirsiniz. Öte yandan amacınız hayatı kendinize zehir etmek ise o zaman negatiften beslenmeye devam edersiniz ve bu berbat enerji size her zaman yeni sıkıntılar getirmeye devam eder. Çünkü, hayat sizin aklınızdan geçirdiğiniz olayların başınıza gelmeye devam ettiği bir sahne gibidir. Buna çekim yasası diyorlar.

Anneannem enteresan bir kadındı, ben daha altı yaşlarımdayken bir gün kızlar grubunun içinde şöyle demişti: "Bu çocuk kadınlara hizmet edecek, etrafında hep kadınlar olacak." Medyum gibi konuşurdu ama bunu nadiren yapardı, dolayısıyla geleceğe dair bu tip yorumları hiç beklenmedik anlarda yaptığı zaman herkes sessizleşir ve bir süre kimse konuşmazdı, çünkü bunun bir şekilde gerçekleşme ihtimalinin yüksek olduğunu içgüdüsel olarak bilirlerdi.

Benimle ilgili yaptığı ikinci kehaneti ise şöhret konusuydu. "Muhtemelen bu çocuk şöhret olacak ve çok sayıda insanın hayatına dokunacak" dediği zaman ben pamuk şeker falan yiyordum çünkü altı yaşlarından fazla değildim. Kullandığı kelimenin ne anlama geldiğini bile bilmiyordum dolayısıyla ona bakarak gülümsemiş olabilirim. Bunları hatırlıyorum çünkü sık tekrarlıyordu ve ben söylediklerine hiçbir anlam veremezdim. O yaşlarda bana "İleride ne olmak istiyorsun?" diye sordukları zaman verdiğim yanıt "İtfaiyeci olmak istiyorum" dan ibaretti. Bunun sebebi giydikleri kıyafetleri çok havalı buluyordum, turuncu üniformalar içinde onların çok dikkat çektiklerini düşünüyordum. Bu yanıtım çevremdeki insanları, nedenini hala anlamadığım şekilde güldürürdü. Belki de mesele şuydu; daha küçük yaşlardan itibaren çevremizdeki insanlar bizimle ilgili gelecek planları yapmaya başlar ve biz bu planlara uymadığımız zaman hayal kırıklığı yaşarlar. Kendi hayatlarını bir kenara bırakıp bizim hayatımıza burunlarını sokmayı severler ve eğer biz buna izin verirsek kim bilir neler olur.

Özetle anneannem kendi başının çaresine bakmayı öğrenmiş bir kadındı ve hayata tekme tokat dalmış gibi bir havası vardı, hayatla dalga geçmeyi biliyordu. Bu tip güçlü kadınları YouTube videolarımda övmeye devam ediyorsam en büyük sebebi çocukluğumdaki bu anılardır. Onların neleri başarabildiklerini küçük yaşlardan itibaren gözlemledim. Hayal meyal bir olay hatırlıyorum, sanırım ben altı, yedi yaşlarındaydım ve birlikte trenle bir yerlere doğru gidiyorduk. Ben trenin camından dışarıyı izliyordum ve sanırım bakışlarından rahatsız olduğu bir adama dönerek,"Sen niye başka tarafa bakmıyorsun, belanı mı arıyorsun?" gibi bir soru sordu. Sert bir mizacı olması nedeniyle adamın tedirgin olduğunu ve kalkıp gittiğini hatırlıyorum. İlk başta neden rahatsız olduğunu anlamamıştım ama mutlaka onu kızdıran bir bakış yakalamış olmalıydı. Bir insanın onu rahatsız etmesi pek kolay değildi, tehditkar bir havası olurdu. Arkadaşları da öyleydi, zamanının güçlü kadınları diyelim.

Çocukluğuma dair bu anılardan sonra tekrar İtalya'ya dönmenin vakti geldi. Gençliğim boyunca anneannem ile her zaman yakın bir iletişimde oldum ve onu sık ziyaret ederdim. Kendi evinden ayrılmayı pek sevmezdi, dolayısıyla onu görmek için mutlaka yanına gitmem gerekiyordu. Bu ziyaretlerimde eski günleri konuşur ve gülmeye başlardık. İtalya'ya gitmeden önce onu ziyaret ettiğimi hatırlıyorum, sağlığı eskisi kadar iyi değildi ama yine de dinç görünüyordu. İtalya'dan onu telefonla birkaç defa aramıştım ve telefonda beni özlediğini hissettim. Dolayısıyla ilk tatilimde döndüğüm zaman soluğu onun yanında aldım. Benim için gerçek bir şok olduğunu itiraf etmeliyim, çünkü rengi eskisi kadar canlı değildi ve bakışlarında artık yeryüzünden hoşlanmadığını gösteren belli belirsiz bir enerji vardı. Hani, "Artık burada işim bitti gitmeye hazırım" der gibiydi. Bu durum beni üzmüştü. Hiçbir hastalığı olmamasına rağmen neden aniden sıkılmaya başlamıştı? Belki de en büyük sebebi tüm yakın arkadaşlarını kaybetmiş olmasıydı. Çevresindeki tüm yapraklar dökülürken kendini yalnız hissediyordu ve eskisi gibi gülüp eğlenecek kimseyi bulamıyordu.

İtalya'da, Milano'dan Roma'ya taşındım ve Birleşmiş Milletler Ana Merkezi'nde çalışmaya başladım. Güney Amerika ülkelerinin yıllık analizlerini yaparak raporlarını oluşturma görevi bana verilmişti. Her sene yapılan yıllık toplantının tarihi gelip çatmıştı ve ben de müdürüm ile birlikte bu toplantıya katılarak Güney Amerika ülkeleri hakkında bir sunum yapacaktım.

İşte hayat, oyunlarını tam da böyle zamanlarda oynar ve bizi öyle bir açmaza sokar ki yıllar sonra bile düşünmek zorunda kaldığımız kararlar alırız. Toplantıya birkaç gün kala Türkiye'den gelen telefonlarda anneannemin hastaneye kaldırıldığını ve sağlık durumunun pek parlak olmadığını öğrendim. Canım sıkılmaya başladı, toplantıya sadece iki gün kalmıştı ve sene boyunca bu toplantıyı bekleyen müdürüme yanlış yapmak istemiyordum. Aniden basıp gitmek geliyordu içimden, ancak sadece iki gün vardı. Biraz beklemeye karar verdim çünkü benim çocukluğumdan tanıdığım kadın muazzam ölçüde savaşçı biriydi, sonuna kadar mücadele etmeyi severdi. Kendini bırakacağını ve aniden çekip gideceğini hiç düşünmedim. Ertesi gün sunuma hazırlık yaparak geçti ve bu arada dünyanın dört bir yanından ülke temsilcileri Roma'ya geliyorlardı. Her şey büyük güne hazırlanıyordu. O gün boyunca hiç haber almadım ve ertesi gün sunumu yaptıktan sonra ilk işim yola çıkmak olacaktı.

Roma Tiburtina'da yer alan teras katı daireme geldiğimde saat akşam sekiz civarı olmalıydı. Ev arkadaşlarımdan Francesco odasında her zaman olduğu gibi tango müzik dinliyordu. Kapısı kapalı olmasına rağmen dans ezgileri koridora kadar geliyordu. Evi paylaştığımız diğer kızlar ise ortalıkta görünmüyorlardı, teras manzaralı odama geçip kapıyı kapadım. Oldukça yorgun olmam nedeniyle biraz uzandım ve uyuyakaldım. Ertesi gün, sabah erkenden büyük toplantı vardı ve bunu atlatmayı bekliyordum. Telefonun sesiyle uyandığımda gece saat üç civarıydı, o saatte telefonumun çalmasına alışkın olmadığım için irkildim ve gelen aramanın Türkiye'den olması derin bir nefes almama neden oldu. Artık biliyordum...

Anneannem ölmüştü. Gece aniden gitmeye karar vermişti. Bıkmıştı belki de bu saçma hayat döngüsünden, kim bilir... Hani bazı insanlar vardır ya yeterince yaşadıktan sonra "Amannn be" diyerek uzaklaşırlar. Kesinlikle onlardan biriydi. Arkasına bakacak veya yardım isteyecek bir kadın değildi, kimseyi fazla uğraştırmadan ve hastaneye yattıktan sadece iki gün sonra ölmüştü. Yutkundum. Terasa çıktım. Ufakken tütün tarlalarında beni dolaştırdığı zamanları hatırladım ve elbette karpuz kesip bana yedirdiği zamanları. İnanılmaz bir kadın tarafından yetiştirilmiştim, benzersiz bir ruhu vardı; hem acımasız hem de sevecen olmayı başarabiliyordu. Ben hayatım boyunca bu iki özelliği birlikte taşıyan çok az sayıda kadın gördüm. O zamanlar hala sigara içiyordum ve bir sigara yaktım, Roma gecesinde okaliptüs ağaçlarının kokusu vardı. Hafif bir rüzgar esti terasa doğru, onun enerjisini hissettim, çünkü birbirini anlayan ruhlar için mesafe diye bir şey yoktur...

Ertesi sabah toplantıya katılmak veya erken saatlerde bir uçağa atlamak arasında kararsız kaldım. Sonra toplantıya katılmaya karar verdim. Bana işimde hep destek olmuş müdürümü yarı yolda bırakmak bana yakışmazdı. Oysa cenaze o gün kalkıyordu ve bir daha onunla yolculuk etme şansım olmayacaktı. Son yolculuğunda onu yalnız bırakmak, hayatımda verdiğim en yanlış karar oldu diyebilirim. İlk başlarda kendimi avutarak "O da toplantıya katılmamı isterdi" dedim ama buna kendim bile inanmadım çünkü o gün cenazeye katılmadığım için bana küfürler ettiğine eminim. Her nereden beni izliyorsa mutlaka etmiştir, çünkü ben onu tanıyorum.

Toplantı gece yarısı bitti ve ertesi gün sabah erkenden Türkiye'ye döndüm. Hiç vakit kaybetmeden İstanbul'dan Balıkesir'e geçtim ve onun köyüne vardığımda gün batımı olmak üzereydi. Köyünde gömülmek istemişti. Mezarına gittim, toprak tazeydi sadece bir gün önce gömülmüştü. Çok sevdiği papatyalardan bıraktım mezarına, güneş veda ediyordu geceye doğru ve nedense ağlayamadım. İnsan çok yorgun olduğunda, o kadar yorgun olur ki uyuyamaz. İnsan çok üzgün olduğunda, o kadar üzgün olur ki ağlayamaz. Öylece bakakaldım mezarına, geçmişime, çocukluğuma ve onun köyünde geçen günlerime. Dünyada iz bırakmış bir Kafkas kadını gitmişti uzaklara doğru. Özür dilerken buldum kendimi, "Gelemedim" dedim, "Toplantım vardı kusura bakma" derken utandım. İnsan utanır ya, işte öyle utandım. Sonra arkamı dönmek üzereyken güneş son bir selam vererek mezarının üzerine bıraktığım papatyaların üzerine düştü, aniden. Bir an donakaldım ve ağlamaya başladım. Ben sanırım çocukluğumdan beri hiç ağlamamıştım, sevmiyordum ağlamayı. O anda içimden dökülen gözyaşlarına engel olamadım. Özlemiştim onu ama sarılacak durumda değildik artık, gitmişti.

Başka şeylere öncelik vererek hayatı ıskalamıştım çünkü benim için hayat bu kadından ibaretti. Bunu anlayabilmek için onu kaybetmem gerekiyordu.

Şimdi bu satırlarda ruhumdaki hüznü itiraf ederken kendimi bir günahkar gibi hissediyorum. Maddi dünyanın saçmalıklarına takılmış ve maneviyatı unutmuş bir insan gibi...

2

Karımı defalarca aldattım...

İlk bölümde açılışı yaptıktan sonra sahneyi diğer günahkar varlıklara bırakabilirim. Meğer çevremde ne kadar çok sayıda günahkar varmış, hepsi de itirafta bulunmaya çok istekliydiler. Bunlardan bazıları bana kendini hep temiz göstermiş kimselerdi, beyaz bir havlu gibiydiler ve onları uzun zamandır tanırdım. Bu satırları yazarken halen düşünüyorum; insanların karanlık tarafını görmek iyi midir yoksa bizi de kirletir mi acaba diye ama zaten masum değiliz hiçbirimiz ve ben kendimi bildim bileli günah çıkarmaya uygun birisi oldum. Nedendir bilinmez belki de iyi bir dinleyici olduğum içindir.

İtiraflarına yer verdiğim her insandan imzalı onay kağıdı aldığımı söyledim, yine de isimlerini değiştirdim ve onların itiraf sırasında anlattıkları dışında hiçbir detay bilgiye yer vermedim. Sadece cinsiyetlerini belirttim; örneğin bu itirafın sahibi bir erkek. Olgun bir erkek diyelim.

Geçtiğimiz yaz bir akşam beni arayıp "Gel sohbet edelim" dedi. Bu adam benim lise yıllarından arkadaşım olduğu için konuşacak çok konumuz oluyordu, fakat bu defa daha önce hiç yapmadığımız bir sohbete yelken açmak üzereydik. Eve girdiğimde "Eşin nerede?" diye sordum.

- Annesine gitti.
- Hayırdır sorun mu var?
- Yok ya klasik anne ziyaretlerinden birisi işte.
- Tamam o zaman.
- Sen neler karıştırıyorsun?
- Yeni bir kitap üzerindeyim.
- Konu nedir?
- İtiraflar üzerine bir kitap diyelim.
- Nasıl yani?
- İtirafta bulunmak isteyen insanlar var, onlara yer veriyorum.
- Hadi ya? Bana niye sormadın?
- Sen ketum birisin, anlatmazsın.
- Bunu da nereden çıkardın?
- Öyle düşündüm diyelim.
- Peki partiye davetli miyim?
- Elbette neden olmasın?
- Benim de günahlarım vardır elbette.
- İlla bir günah olmak zorunda değil, sana kendini kötü hissettiren veya ruhunda yük olan herhangi bir şey olabilir.
- Bunu düşünmem lazım.
- Hiç yükün yok herhalde onun için bu kadar umursamaz birisin.
- Neden öyle dedin?
- Tanıdığım en umursamaz insansın diyebilirim, her zaman kafana göre yaşıyorsun.

- Bu güzel bir şey değil midir?
- Herkes başaramaz.
- Yapısal olarak böyleyim diyelim.
- Pekala hayat nasıl gidiyor?
- Dur bir saniye ben de itirafta bulunmak istiyorum o zaman. İsimleri koyuyor musun?
- Yok hepsi değişiyor, hatta bazen isimsiz olacak hikayeler.
- O zaman bu isimsiz olsun, tek şartım bu!

Telefondan kayıt yapmaya başladığımda biraz düşündükten sonra konuya girdi: "Aslında karımı severek evlendim. Sen bunu biliyorsun çünkü ona nasıl bir aşkla bağlı olduğumu yıllardır gördün ama bu yönümü bildiğini sanmıyorum. Onu defalarca aldattım ve hepsi de genç kızlardı."

"Neden genç kızları tercih ettin?" diye sordum.

"Çünkü onlarla kendimi yeniden genç hissediyorum. Bence en büyük sebebi budur, yaşlanma duygusundan kurtulmaya çalışıyorum sanırım."

"En son ne zaman başka bir kadınla seks yaptın?" diye sormama şaşırdı ama eğer günah çıkarıyorsan bu oyunu kuralına göre oynamak zorundasın demektir; ya sonsuza kadar susacaksın ya da ruhundaki tüm yüklerden kurtulacaksın. Başka bir yolu yoktur.

"İki gece önce bizim şirketteki genç bir kızla yataktaydım" diye yanıt verdi.

"Bu sana zevk vermiş olmalı, genç kızları yatağa atmak, peki niye şimdi aniden bunları benimle paylaşmak istedin?"

"Bir başkasına hava atmadıktan sonra çapkınlık ne işe yarar?"

"Nasıl yani sadece bana hava atmak için mi bunu anlatıyorsun?"

"Elbette neden olmasın? Bence çapkın tarafımı bilmiyor olman rahatsız edici bir şey. Beni sadece işine gücüne giden sıradan bir adam sanıyorsun, bundan memnun değilim."

"Sıradan bir adam olmanın nesi kötü?" diye sordum.

"Bence hiçbir özelliği yoktur, işte burası kötü. Kimse sıradan insanlara dönüp bakmaz bile, başarılı olsan bile bu hayatta sıradan olmaman gerekiyor" derken bakışlarında hüzün vardı.

Şaşırmıştım. Aldatmasına falan değil, bu kitapta göreceğiniz üzere birçok erkek farklı sebeplerle karısını aldatıyor. Sadece erkekler değil kadınlar da aldatıyor ancak mesele bu değildi. Beni asıl şaşırtan sıradan olmanın lanetinden kurtulmak için aldatmak istemesiydi, işte buna hazırlıklı değildim. İnsan denen varlık beni hayatım boyunca her zaman şaşırtmayı başarıyordu. Sanıyorum enerjinin kendini ifade ettiği biçimlerden sadece bir tanesidir insanoğlu. Kendini bir çiçek olarak veya bir panda olarak da ifade edebilirsin çünkü enerji asla yok olmaz ve bu dünyada işin bittiği zaman da bir başka enerji alanına doğru yola çıkarsın, ancak bütün bu biçimler arasında insanoğlu şaşırtmaya her zaman devam eder.

Bunları düşünürken bana bakıp "Ne düşünüyorsun?" diye sordu.

"Senin ne kadar garip bir adam olduğunu" dedim.

- Neden?
- Çünkü bence garipsin.
- İyi de aldatan kimseyi yargılamaman gerekiyor, mesleğin gereği.
- Aldatmandan bana ne be kardeşim, sebebi bana garip geldi.
- Neden?
- Zevk aldığın için aldatsaydın garip gelmezdi mesela çünkü her insan biraz şeytandır ve bunda garip bir şey yoktur.
- Ben de zevk alıyorum zaten. Seks değil bana zevk veren şey, daha çok farklı bir adam olduğumu hissetmek, sıradan biri olmadığımı görmek bana zevk veriyor.
- Şairane konuştun.
- Öyleyimdir. Benim itirafım bu kadar. Başka sorun var mı?
- Senin dökmek istediğin başka taşların var mı?
- Hayır yok. Bunu kimseye anlatma diyeceğim ama sanırım anlatacaksın.
- Milyonlarca insan okuyabilir, ama senin kim olduğunu bilmeyecekler. Bana bir beyaz kağıt getirir misin, bir de siyah tükenmez kalem.

İçeriden kağıt ve kalem getirdi ve sonra dediklerimi yazarak imzaladı. Yayımlamam için onay vermişti.

İmzalarken ona sordum: "Bu itiraf sana nasıl hissettirdi?"

"Garip bir özgürlük duygusu ve yaşam sevinci, hoşuma gitti..."

3

Onu öldürmek istedim...

İnsan ruhundaki karanlık odalarda gezmeye devam ediyoruz. Bu defa bir şiddet hikâyesini hiç de beklemediğim bir insandan dinledim ve kayıt altına aldım. Onu sakin ve kendi halinde bir adam olarak tanırım, ancak kimi koşullar içimizdeki şeytanı ortaya çıkarabilir.

Kitabım için itiraf hikâyelerini dinlediğimi söylediğim zaman kibarca sordu: "Katkıda bulunabilir miyim?"

"Elbette memnun olurum" diyerek kaydetmeye başladım.

"Biliyorsun arada yurtdışında seyahatlere gidiyorum. Genelde yalnız gidiyorum birkaç gün kalıp dönüyorum, seyahat sebebi iş oluyor ve pek renkli geçtiğini söyleyemem. İki sene önce Çek Cumhuriyeti'nde Prag seyahati vardı, hafta sonu için üç gün gidecektim, bu sefer kız arkadaşımı da götürmeye karar verdim. Bu sürprizi ona söylediğimde hoşuna gitti hazırlık yapmaya başladı. Gitmeden önce Prag şehriyle ilgili ne varsa okudu ve gezilecek yerler listesi hazırladı."

"Güzel bir otelde yer ayırttım ve romantik bir hafta sonu için gereken tüm şartları oluşturdum. Şehri gezerken bol resim çektik ve akşam saatlerinde yürümekten yorgun düşmüş bir halde otele döndük. Otele döndüğümüzde aşırı derecede yorgun olmamıza rağmen, belki de ilişkimizdeki en tutkulu seks deneyimini yaşadık. Aramızdaki arzu çok iyiydi, ona yaptığım bu sürpriz hoşuna gitmişti ve sanırım ne kadar değer verdiğimi anlamasını sağladı. Bilirsin seviyorum demek yetmez bunu göstermek gerekir."

- Her kadın bundan emin olmak ister, netlik ister.
- Evet sen ilişki koçusun kadınları tanıyorsun.
- Senin bu sürprizin ona harika hissettirmiştir.
- Mükemmel bir geziydi ama canımızı sıkan o olay olmasaydı keşke.
- Hangi olay?

Bir süre düşündü ve sigara yaktı, sonra anlatmaya devam etti: "Oraya gittiğimiz cuma günü bütün gün gezdikten sonra akşam otele dönünce dehşet bir seks yaptık dedim ya, ondan sonra dışarı çıktık ve harika bir akşam yemeği yedik. Sonra cumartesi günü, önceden listesini yaptığı yerleri gezdik birlikte ve çok eğlendik. Şehirde yürüyerek geziyorsun ve her köşesinde tarih var çok etkileyici bir atmosfer. Gece ışıkları şehri süslüyor, ben böyle etkileyici bir ortamı pek görmedim. Sen gezdin mi oraları?"

"Evet iki defa gittim" diye yanıtladım.

"Etkileyici öyle değil mi?"

"Prag benzersiz bir şehir, Avrupa'da beni etkilemiş yerlerden biridir."

"Kesinlikle öyle."

"Şu ana kadar bir itirafın olmadı, bahsettiğin olay nedir?"

"Biz cuma ve cumartesi kaldıktan sonra pazar sabahı erkenden dönecektik, sanırım sabah altıda uçuşumuz vardı, dolayısıyla dönmeden cumartesi gecesi oradaki çılgın mekanları gezmek istedik, gece kulüpleri ve eğlence ortamları bizi bekliyordu. Bazı yerlerde rezervasyon yaptırdım ve birlikte gittik. Sanıyorum gece saat on bir sularında gittiğimiz bir disko ortamı çok kalabalıktı ve ben bir loca ayırttım. İkimiz oturuyorduk şişeler gelip gidiyor falan, yandaki locadan iki tane kılıksız herif bizim bulunduğumuz yere doğru bakmaya başladılar, hiç hoşuma gitmedi."

"Seni ayakta görmemişler herhalde" diye yanıtladım çünkü bu itirafta bulunan adam, 1.80 boyunda fakat enine çok geniş, sürekli spor yapan birisi. Onu ayakta gören birinin ona üstünlük taslaması büyük cesaret ister diyebiliriz.

Anlatmaya devam etti:"Neyse bize doğru bakıyorlar ve ben kaş, göz işareti yaptım ne var gibilerinden, fakat kız arkadaşım tedirgin oldu ve 'hadi gidelim buradan sevmedim' dedi. Genelde onu dinlerim çünkü akıllı kızdır kötü bir şey olacağı zaman bunu hisseder. Hesabı istedim ve ödedikten sonra biz ayaklandık. Tam o masanın yanından geçiyoruz, masada koridora yakın oturan adam bana göz kırpma gafletinde bulundu, geçerken çenesine doğru çok şiddetli bir yumruk indirdim. Diğeri hemen ayağa kalktı ve elini beline doğru götürüyordu ki ona yaklaşıp masadaki şişeyi alarak kafasına geçirdim. Yere yığıldı ama ilk yumruk attığım eleman, masadan aldığı bir bıçakla bana hamle yapmak üzereyken, karnına bir tekme savurdum oturduğu yere doğru düştü yeniden. Bu sefer içimde daha önce hiç hissetmediğim bir duygu vardı, onu öldürmek...

Düştüğü yerde saçlarından tutarak suratına yumrukları indirmeye başladım, burnunu kırana kadar vurdum ve en son kanlar üstüme sıçramaya başladı. Bu arada kız arkadaşım arkamda omzumdan çekiştirmeye başladı hem bağırıyor hem de gitmemiz için ağlıyordu."

Ona baktığımı görünce devam etti: "Sana itiraf etmek istediğim şey bu kavga değil, asıl itiraf, beni şaşırtan şiddet duygusu. İçimde birini öldürmeye yakın bir başka adam olduğunu anladım. Daha önce bu adamla tanışmamıştım ve kimseye şiddet kullanmadım ama belki de zamanı gelmişti. Eğer kız arkadaşım bana ısrarla gidelim demeseydi veya yalnız olsaydım orada o adamı gebertmek bana büyük bir zevk verecekti ve bunu yapmaya hazırdım."

Ondan talep ettiğim üzere kağıt ve kalem getirdi ve itirafın ona nasıl hissettirdiğini sorduğumda şu yanıtı verdi: "Buna bir çeşit yüzleşme diyebiliriz. İçimdeki karanlık katili seninle paylaşmış oldum, artık onu sen de tanıyorsun..."

4

Kibir en sevdiğim günahtır...

Şeytan şöyle der: "Kibir sen sevdiğim günahtır."

Ona hak vermemek elde değil çünkü kibirle davranan bir insana her kötülüğü yaptırabilirsiniz. Dolayısıyla egosuna teslim olmuş birisi şeytana hizmet etmeye başlar. Eğer gerçekten şeytan diye bir dış kötülük imgesi varsa, bu yüzyılda kendi şovunu sergiliyor. İnsanlık tarihinde egonun bu kadar etkili olduğu bir başka dönem yaşandığını pek sanmıyorum.

Medyada tanıdığım çok sayıda insan var ve bunların ortak noktası egoyla hareket ediyor olmalarıdır. Bazıları ise egosantrik ve narsist denecek düzeyde kendine aşık kimseler oldukları için, onların aldıkları kararları ve iş yapma biçimlerini izlemek insanı dehşete düşürebilir.

Medyada üst düzeylerde görevli, yine tam yaşını söylemeden olgun bir erkek diyelim, tanıdığım bir sima ile yemekteydim. Baş başa konuşurken yeni kitabımdan bahsettim ve itirafta bulunmak isterse yer verebileceğimi duyunca bir an duraksadı: "Nasıl bir itiraf istersin?" diye sordu.

- Fark etmez, senin zevkine kalmış.
- Pekala aklıma bazı şeyler geliyor, hangisini anlatsam bilemedim.
- Kayıt yapmaya hazırım, sen hazır olduğunda haber ver.
- Bu kitabı yazmaktaki amacın nedir?

Aniden bunu sormasını beklemiyordum ve bir an düşündüm, yanıt vermeden önce benden bir açıklama istediğini anladım ve onu ikna edecek bir açıklama bulmaya çalıştım. Onda gizli hazineler olduğunu biliyordum ve sadece kitabın yazılmasındaki sebebi anlamaya çalışıyordu.

"İnsan ruhundaki güzellikleri yazmak, dünyanın içinden geçtiği böyle garip bir süreçte bana anlamsız geldi, ben de insanların karanlık yüzünü yazmaya karar verdim, üstelik itirafta bulunan her insan bir çeşit rahatlama yaşıyor ve memnun olduğunu söylüyor dolayısıyla eğer günah çıkarmak istersen bu fırsatı kullanabilirsin" diyerek durumu özetledim.

İkna olmuş gibi baktı. Yine de, "Sen genelde kadınların günah çıkardıkları rahip değil misin?" diye sormadan edemedi.

"Hayır ben rahip değilim ama bana kadınların günah çıkardıkları doğrudur." dedim.

"Bu durumda erkeklerin hikayelerine pek alışık değilsin?" diye sordu.

"Emin ol ben her çeşit hikayeye alışkın biriyim" dedikten sonra kayıt cihazını çalıştırdım ve "Hazırsan başlayalım" dedim.

Derin bir nefes alarak başladı: "Ben çok yoksul bir aileden geldim ve gençlik yıllarım tamamen ezilerek geçti, her zaman çevremdeki insanların aşağıladıkları birisi oldum. Öyle bir noktaya geldim ki aşağılık bir insan olduğuma kendim de inanmaya başladım ve bu duygu benim içime yerleşti. Günün birinde hayatta başarılı bir noktaya geleceğime hiç inanmadım ve çalışmanın yeterli olduğunu söyleyenlere sadece gülümsedim. Böyle bir ülkede sadece çalışmak hiçbir şey için yeterli değildir."

Araya girmek istedim: "Böyle bir ülke derken neyi kastediyorsun?"

"Orta Doğu ülkesi" diye yanıt verdi sakin bir ses tonuyla hatta sorduğum soruya şaşırmış gibi bir yüz ifadesi vardı."Bilirsin Orta Doğu kültürü tamamen geri kalmış bir kültür ve dünyada hiçbir yere gelememiştir. Dolayısıyla bunun en büyük sebebi çalışmaya ve liyakata kimsenin değer vermiyor olmasıdır."

"Peki nedir bu tip ülkelerde değer verilen şey?" diye sordum.

"Dalkavukluk, çevre sahibi olmak, insanları sürekli pohpohlamak ve gaz vermek."

Sessizce dinlediğimi görünce devam etti:

"Kendime bir söz vermiştim; eğer bir gün şans tersine döner ve rüzgar benden yana esmeye başlarsa çevremdeki herkesi ezmek, kullanmak ve aşağılamak. Bu sözü neden verdin diye soracak olursan, çünkü benim çocukluk yıllarımdan itibaren maruz kaldığım davranış biçimi buydu ve artık sıkılmıştım. Bana kötü davranmış, beni ezmekten keyif almış insanlar bende intikam duygusu yaratmıştı ve onlarla hesaplaşacağım günün gelmesini bekledim. Bunu hak ediyorlardı."

"Peki sence bu tip haksız tavırlara maruz kalan tek insan sen misin?"

"Elbette değilim ancak gerisi beni hiç ilgilendirmiyor, beni sadece ben ilgilendiriyor. Her neyse, meslek içerisinde tanıdığım bazı insanlara aşırı derecede yakın davranmaya başladım ve sonra hepsinin de aşırı övgüden zevk aldıklarını gördüm. Aslında hepsi de aynen benim gibi aşağılık insanlardı ve dalkavuklara bayılıyorlardı. Dolayısıyla sabah, öğlen ve akşam onları övmeye başladım. Eşlerine hediyeler aldım, tüm paramı onlara harcadım ve bu adamları memnun etmek için her şeyi yaptım. Çalışkan olmak hiç önemli değildi, sadece dalkavuk olmak ve onların istedikleri şekilde davranmak işe yarıyordu, ben de oyunu kuralına göre oynamaya karar verdim. Dolayısıyla çok hızlı yükseldim ve en tepeye çıkmam uzun sürmedi. Şimdi bana soracaksın, 'Buralara gelmeyi hak ettim mi?' diye ama bence kesinlikle hakkımdır, çünkü oyun ne olursa olsun kuralına göre oynamalısın, gerisi tamamen hikayedir."

"Gücü eline aldığın zaman başkalarına nasıl davrandın?" diye sormak istedim.

"Öncelikle şunu anlıyorsun, altında çalışan insanlar arasında sana rakip olabilecek potansiyele sahip kişiler varsa, onları saf dışı etmeyi öğrenmelisin; buna 'pasifize etmek' diyoruz. Bunu yapmak için kullandığımız bazı yöntemler var."

"Mesela bazı örnekler verebilir misin?"

"Çok basit, o insanın zaaflarını bulursun ve o zaafları kullanarak dolaylı yoldan tehdit etmeye başlarsın, mesela bir çocuk vardı benim yardımcım olarak görevlendirdiler, baktım ki bu çocuğun paraya muazzam derecede zaafı var hemen ona daha fazla para teklif ederek başka bir bölüme almalarını söyledim, kendimden uzaklaştırdım. Dikkat çeken birisiydi ve şirket içerisinde benden daha çok dikkat çekecek birini asla yanımda tutamam. Aynı zamanda kendine göre fikirleri vardı, işte bu çok riskli olabilir; yaratıcı fikirleri olan insanları hemen uzaklaştırman gerekir, burası çok önemli."

"Bu durumda şirketin yararı senin için önemli değil?" diye sordum şaşkın bir ifadeyle.

"Hiçbir profesyonel yönetici çalıştığı şirketi asla düşünmez, sadece kendi pozisyonunu korumayı ve kollamayı düşünür, bunun için kendisine profesyonel denir. İşine duygularını katmaz ve duygusal bağ falan kuramaz bunların hepsi saçmalıktır. Bu iş dünyasında bir yönetici öncelikle kendini korumayı başaramazsa, zaten şirketi koruması beklenemez. Kendisi hızla yükselen bir yönetici, oyunu kuralına göre oynamayı öğrenmiştir ve öyle bir adama her türlü şirketi teslim edebilirsin."

"Neden 'Adama' dedin, kadınlar da yönetici olabiliyorlar, öyle değil mi?" diye sordum.

"İş hayatında kadınlara soracak olursan hepsi de erkeklerle çalışmayı tercih ederler çünkü kadınlar arasında çok kanlı bir rekabet vardır. Ayak kaydırmaca, entrika, arkadan iş çevirme gibi konularda onların bize göre çok daha yetenekli olduklarını söyleyebiliriz. Maalesef biz erkekler bu gibi oyunlarda kadınlar kadar yaratıcı değiliz. Şirket yönetimine gelince, kadınları başa geçirmek doğru bir karar değildir çünkü duygusal varlıklar. Oysa iş hayatında sadece rasyonel olmak gerekir."

"Sen bunları çıkıp konuk olduğun yayınlarda söylesen seni aforoz ederler" diye çıkıştım elimde olmadan ama sadece gülümsedi: "Bak dostum benim yanımda çalışan yüzlerce kadın var ve hepsi de birbirlerinden nefret ediyorlar. Sen daha önce hiçbir erkeğin bir başka adamın kravatına bakıp ne kadar şık olmuş dediğini duydun mu? Erkekler birbirlerinin ne giydiğinden veya hangi kremi sürdüğünden bahsedip dedikodu yaparlar mı? Kadınlar saçma sapan konularda sürekli dedikodu yaparak 'Ona nasıl engel olabilirim?' diye düşünürler, yani hayatları entrikadan ibarettir. Dolayısıyla erkeklerden önce kadınlar, yani bizzat kendileri, bir kadın tarafından yönetilmek istemezler."

"Bundan emin misin?" diye sordum.

"Kesinlikle eminim" dedi, "İstediğin kadına bunu sorabilirsin ve her zaman aynı yanıtı alacaksın, hayır ben erkeklerle çalışmayı tercih ederim diyecektir."

"Peki sence medyada hangi insanlar ön plana çıkarılıyor?" diye sordum.

"Star veya ünlü denen insanların hepsini biz icat ederiz, aslında hiçbirisinde yetenek veya beceri yoktur. Bizim asıl baktığımız konu, star olarak halka sunduğumuz insanların sırtından para kazanmaktır. Peki hangi insanların sırtından para kazanabilirsin?"

Cevap vermediğimi görünce kendisi yanıtladı: "Elbette ezik ve laf dinleyen insanları halka sunarız çünkü onların kazandıkları paranın büyük kısmını biz kendimiz alırız, biz derken, işte bu tiplerin çalıştıkları menajer bozuntuları var onları sayıyorum ve bir de benim gibi medyada içeriden para alarak bazı isimleri öne çıkaran yöneticileri sayıyorum. Bizler 'Bu adam star' veya 'Bu kadın star!' dediğimiz zaman, en dandik, en kalitesiz tipler bile artık halkın gözünde star haline gelmiş demektir. Çünkü sabah magazin programlarında bu isimleri gören halk, akşam haberlerinde yine aynı simaları görünce artık onların star olduklarına inanmaya başlar."

"Bütün bunları basit bir oyun gibi anlatıyorsun" dedim.

"Öyle zaten" diye yanıtladı kahvesinden bir yudum alırken, "Hepsi bizim için basit bir oyundan ibaret, sonra mesela diyelim ki star ilan ettiğimiz şaklaban aniden bize veya menajerine asilik yapmaya başladı, ya da havalandı, hemen onun hakkında birkaç kötü haber, karalama kampanyası ve hoooop beş dakikada onun yerine yeni bir star yaratırız, bu sefer halk şunu demeye başlar; 'Bununla ilgili bu kadar kötü haberler çıktığına göre gerçekten kötü biriymiş' hemen ikna olurlar. Ünlüler alemi dediğin tamamen on beş, hadi bilemedin yirmi tane yönetici tarafından isimleri belirlenen tiplerden ibaret, biz bu oyunu kurarız, yönetiriz, başlatır ve bitiririz. Dünyanın her yerinde böyledir, sen Amerika'da falan farklı olduğunu mu sanıyorsun? Orada da bazı şöhret lobileri var, eğer onlarla yakın değilsen ünlü falan olamazsın, bu kadar basit."

"Mesela sen ünlü olamazsın" diyerek bana baktı.

"Bana neden bulaşıyorsun?" dedim gülerek, "Belki ünlü olmak istemiyorum."

"Hayır onu biliyorum zaten ama istesen de olamazsın çünkü senin kimseye eyvallahın yok, aşırı derecede müdanasız birisin."

"O nereden çıktı?" diye sordum.

"Piyasa çok az sayıda insandan oluşuyor, ne sanıyorsun böyle büyük bir pastayı binlerce tiple bölüşecek değiliz herhalde! Senin adın TV programlarında falan geçiyor ama görüyorsun televizyondaki tipleri, kalitesiz, beceriksiz tipler program sunuyorlar hiçbirinde sendeki donanım yok ama sende de onlardaki büyük yetenek yok!"

Bakışlarımı başka tarafa yöneltti̇ğimi görünce anlatmaya devam etti, bu sefer gülüyordu: "Hepsi de oyunu kuralına göre oynuyorlar. Sabah, akşam sürekli dalkavukluk yapıyorlar ve buna bir an olsun ara vermeden. Anlıyor musun? Kanal yöneticisine, program yapımcısına hatta alakasız konuk direktörlerine kadar herkesle aralarını iyi tutmak için onların kapısında yatıyorlar ve ancak bu şekilde televizyonlarda bir program yapabiliyorsun. Sen şimdi akşam çıksan bir talk show yapsan kralını yapabilirsin ancak sana yaptırmazlar, sen kimseye yağ çekmeyi bilmiyorsun direk maça üç sıfır yenik başladın işte" derken kahkaha atıyordu. Birlikte gülmeye başladık çünkü haklıydı.

"Ben bundan keyif almıyorum" dedim, "Birilerine yağ çekerek bir yerlere gelmeyi sevmiyorum, olmasın daha iyi."

"Evet işte bu kafada birisi yok piyasada, peki sen neden bu kafadasın çünkü yapmana gerek olmadığını biliyorsun. Senin çıktığın programların reytinglerine baktım hepsi zirvede, dolayısıyla kendi programını yapmak için hazırsın ve canlı yayın performansın çok eğlenceli ama sana gel demiyorlar çünkü senin parmağın bile olamayacak beceriksiz tipler sürekli yağ çekiyor, gaz veriyor, dalkavukluk yapıyor ve rolleri kapıyor, anladın mı?"

"Burada konu bana nereden geldi?" diye sordum, "Sen sektörü anlatıyordun."

"Konu neden sana geldi biliyor musun?" dedi sakin ve bilge bir ses tonuyla, "Çünkü sen sadece bir örneksin, bu ülkede liyakat yok dedik ya, senin gibi donanımlı ve hak eden insanlar asla bir yerlere gelemezler, oysa beceriksiz ve kalitesiz tipler her zaman medyada sansasyon olmaya devam ederler çünkü en başta ben ve benim gibi medya yöneticileri onları destekliyoruz ve onları birer star gibi halka sunuyoruz. Yani ben kendi itirafımı yaparken seni bir örnek olarak verdim, senin gibi ve hatta senden çok daha iyi isimler hiçbir yere gelemiyorlar çünkü medyadaki sistem onlara asla izin vermeyecek."

İtirafının yayımlanması için beyaz kağıda onay yazısını yazdı ve imzaladı. Sonra şunları söyledi: "Bu itiraf bana kendimi güçlü hissettirdi çünkü medyada oyun kurucu olmak ve insanların kaderleri ile oynamak güzel bir duygu..."

5

Rüyalarıma girmeye başladı...

- Bana neden günah çıkarmak istiyorsun?
- Çünkü sana güveniyorum.
- İyi de neden şimdi?
- Çünkü bu kitapta yer almak istiyorum.

Bomontiada'da çay içiyorduk. Bir önceki görüşmemizde ona yeni kitap çalışmamdan bahsetmiştim ve o zaman sadece dinleyip hiç ses çıkarmamıştı. Sanırım sonra üzerine düşündü ve ikna oldu, kitapta yer almak istiyordu.

Kitabın bu bölümüne kadar hep erkeklerin itiraflarına yer verdim ve ilk bölümde açılışı kendim yaptım fakat şimdi bir kadının itirafını okuyacaksınız. Daha önceki sayfalarda hiçbir detay vermeden itirafta bulunanların birer olgun erkek olduklarını belirttim çünkü hepsi de 40 yaşın üzerindeydiler. Bu kuralı bozmuyorum ve yine 40 yaşını devirmiş olgun bir kadının hikâyesini aktarıyorum. Gönüllü olarak itirafını paylaşan ve başka insanların hayatına dokunmak isteyen bu hikâyelerin kahramanlarına ne kadar teşekkür etsem azdır, çünkü belki de bu hikâyeleri okuyan bazı insanlar kendilerini günahkar veya kirli hissetmek yerine, yalnız olmadıklarını hissederek içlerindeki yaşam sevincine yeniden sarılabilecekler.

Her itiraf bir rahatlamadır ve ruhundaki özgürlük hissi insana iyi gelir. İtirafta bulunmak isteyen kadın dostumu dinlerken kayıt cihazını çalıştırdım ve kahvemden bir yudum aldım.

"Uzun süreli bir ilişkim oldu, beş yıl kadar. İlk yıllar çok güzeldi, aramızdaki tutku benzersizdi ve daha önce kimseyle böyle seks yapmamıştım. Onu sürekli arzuluyordum, gündüz ofiste geçirdiğim saatlerde onunla bir gece önce yaptıklarımızı hayal ederek kendimden geçiyordum ve sonra onu yeniden azdıracak mesajlar gönderiyordum. Ben, yoğun duygu hissetmediğim hiçbir adamı arzulayamam, dolayısıyla ona duygusal anlamda bağlanmıştım. Üstelik beni baştan çıkarmak için hiçbir şey yapmasına gerek yoktu, sadece bir mesaj atması yetiyordu ya da yan yana kahve içerken onu istiyordum. Üçüncü seneden sonra bu tutku iyice azaldı ve yerine alışkanlık duygusu geldi, evet onu kaybetmekten korkuyordum ama eskisi gibi arzulamıyordum. İlk zamanlarda haftada en az on defa seks yaparken artık bu sayı haftada bir defaya kadar düşmüştü, bu durum dikkatimi çekmeye başladı, birkaç defa rahatsız olduğumu ona söyledim. Bunu asla ciddiye almadı ve bir uyarı olarak algılamadı çünkü onu bırakıp gitme cesaretine sahip olmadığımı çok iyi biliyordu."

"Bir erkek bunu anladığı zaman artık sana ilgi göstermez" diyerek araya girdim.

"Aynen öyle, biliyorsun işte senin YouTube videolarında yer alan soğuk duş etkisi formülünü uygulamam gerekiyordu ama bendeki kaybetme korkusu ağır bastı sanıyorum."

"Gidemedin."

"Hayır asla gidemedim. Ama bugün baktığım zaman, üçüncü yılda bu ilişkiden gitmesi gereken taraf bendim çünkü beni hep cepte görüyordu."

"Cepte gördüğünü başka nasıl hissettin?"

"Birlikte yaşadığımız eve geç gelmeler, mesajlara verilen geç yanıtlar, umursamaz tavırlar ve tartışmalar sırasında söylediği ayrılık kokan cümleler, bütün işaretler vardı."

"Sonra?"

"Sonra bir gün yine arkadaş grubuyla çıktık işte bir yerde pikniğe gittik, beraber vakit geçirirken onun arkadaşlarından biriyle sohbete başladım ve sanırım bir saat kadar kesintisiz konuştuk. Bu sohbet kendimi yeniden güzel bir kadın olarak hissetmemi sağladı çünkü uzun zaman sonra bir erkek beni gerçekten dinliyordu ve bu durum tarifsizdi. Bakışlarını benden bir an olsun ayırmadan dinleyen bu adam, daha önce hiç dikkatimi çekmemişti ama o gün kendimi ona yakın hissettim ve açıldım. Beni dinlerken, aslında ne kadar mutsuz, çaresiz ve köşeye sıkışmış bir kadın olduğumu anlamıştı. Sevgilimin yakın bir arkadaşı değildi, sadece tanıdığı insanlardan biriydi ama yine de o anda sevgilimin bize neredeyse hiç bakmadan sürekli diğer insanlarla sohbet etmesi ve beni bir başka erkeğin vicdanına teslim etmiş olması beni tahrik etti."

"Nasıl bir tahrik?"

"Onunla yatmak istedim, onun beni dinliyor ve anlıyor olmasından tahrik oldum. Kendimi ona yakın hissettim ve *onun ruhuna karışıp yeniden kendi kadınlığıma ulaşmak istedim.* Bu duyguyu tam olarak tarif edemem ama bana iyi gelmişti, yani sadece bir saat için bile olsa öyle hissetmek beni heyecanlandırdı. Sanırım o duyguyu uzun zamandır unutmuştum. Piknikten sonra arabayla eve dönerken sevgilimle hiçbir şey olmamış gibi sohbet ettim, oysa aklımda onu nasıl aldatacağımı planlıyordum. Diğer adamın telefon numarasını bile almamıştım ve ona ulaşmanın bir yolunu bilmiyordum. Tek şansım bir Instagram hesabı olmasıydı, sevgilim bunları düşündüğümden habersiz neşeyle araba kullanıyordu. Eve gidince birlikte duşa girdik ve rüya gibi seks yaptık. Oysa diğer adamı hayal ediyordum ve çok zevk almıştım. Yatmadan önce yatakta diğer adamın Instagram hesabını buldum ve onu ekledim. Birkaç gün boyunca beni kabul etmedi ve tam ümidimi kaybetmek üzereyken beni ekleyip 'Nasılsın hayatım?' diye mesaj attı. O mesajı aldığım gün sevgilim şehir dışındaydı ve soluğu adamın evinde aldım. Gece de onunla kaldım, ben böyle bir cinsellik yaşamadım. Bu adamla iki sene doludizgin bir ilişkimiz oldu ve beni o kadar mutlu etti ki sevgilim neden bu kadar neşeli olduğumu bir türlü anlamıyordu. Benim genelde trip atan ve problemli bir kadın olduğumu düşünüyordu oysa şimdi pozitif bir frekansa geçmiştim, yaşamdan keyif alıyordum. Sanırım buna yeniden doğmak diyebiliriz."

İtirafının yayımlanması için onay yazısını beyaz kağıda döküp sessizce imzaladı ve sonra nasıl hissettiğini sorduğum zaman şöyle yanıtladı: "Bu itiraf bana kendimi kirli ve şehvetli hissettirdi..."

6

Nefretle büyüdüm...

Aile her şeyin başlangıç noktasıdır. Hayatımızda olan biten olayların temelinde aile kavramını görürüz ve bu durumla yüzleşmekten korkarız özellikle de mutsuz bir çocukluk geçirdiysek yüzleşmek bize ağır gelir. Bu bölümdeki itiraf hikâyesini bana anlatan arkadaşım kendi ailesiyle yüzleşmek zorunda kaldı.

"Adaletsiz davrandılar" diye söze girdi.

- Kaç yaşından itibaren bunu hissettin?
- Sanırım yedi, sekiz yaşlarımdayken bunu anladım
- Ağabeyin kaç yaşındaydı o zamanlar?
- Benden dört yaş büyük olduğuna göre 12 falandır.
- Ona nasıl davranıyorlardı?
- O her zaman ailenin prensiydi ve ilgi odağıydı.
- Peki ya sen?
- Ben ikinci sınıf biriydim sanırım, benim varlığımdan haberleri yoktu.

- Bu söylediğin imkansız bir şey, çünkü sen de oradaydın.
- İnsanın hisleri asla yalan söylemez, ben o zamanlar nasıl hissettiğimi biliyorum
- Biraz anlatır mısın?

İtirafta bulunan arkadaşımın evinin salonunda oturuyorduk, bir pazar günü öğleden sonra saatleriydi ve dışarıdaki yağmurun sesi evin içini dolduruyordu. Arkadaşımın eşi konuşmamız için bizi salonda yalnız bırakmıştı ve kahvelerimizi getirdikten sonra salonun kapısını kapatarak başka bir odaya geçti. O gün saatlerce süren sohbetimizde onun neyi itiraf etmek istediğini bilmiyordum fakat merak içindeydim. Konuyu itiraf hikâyesine getirmesi için acele etmedim ve kendi istediği şekilde anlatımını sürdürmesine izin verdim. Sonunda konuyu kendi ailesine getirdiği zaman yüzündeki ifade aniden değişiverdi; huzursuz, çaresiz ve aynı zamanda öfke dolu bir yüz ifadesiyle bana bakıyordu, sanki tanıdığım adam gitmiş ve içindeki şeytan ortaya çıkmış gibiydi.

"Böyle bir duygu nasıl anlatılır bilmiyorum; son derece yoğun bir keder içimi kaplıyordu, mesela bir piknik hatırlıyorum ağabeyim yine ilgi odağıydı. Ben ilk sınıfa başlamıştım o da beşinci sınıftaydı sanırım, başarılı bir öğrenci falan değildi ve sürekli haylazlık yapardı fakat ailem onu sürekli ödüllendirmeye çalışırdı, ne yaparsa yapsın iyi çocuk ve başarılı çocuk olmayı başarıyordu. O yaşlarda ben buna hiçbir anlam veremiyordum, bana çok saçma geliyordu çünkü ona bu kadar iyi yaklaşan insanlar, bana sürekli sanki bir yabancıymışım gibi davranırlardı. Bazen filmlerden öğrendiğim üvey evlat kavramını düşünüyordum acaba ben de üvey evlat olabilir miydim? Piknik sahnesinde garip bir detay var; güneşli bir gün ve çocukları olan başka bir aileyle birlikte pikniğe gitmişiz, onlara ağabeyimi övmeye başladılar. Her konuda ne kadar başarılı olduğunu anlatırlarken söz bir ara bana geldi, okula başladığımı söyledikten sonra konuyu hemen yine ağabeyime getirdiler."

"Annen nasıl davranıyordu o sırada?"

"Annem ve babam ikisi de bana karşı duygusuz insanlardı, eğer bana sert davranıyor olsalardı bunu anlardım ama hayır tam tersine ben yokmuşum gibi davranmak hoşlarına gidiyordu. Çünkü ben istenmeyen çocuk olmuştum, en azından bana verdikleri duygu bu şekildeydi."

"O sahneye dönelim, diğer aileyle gittiğiniz piknik sahnesinde seninle ilgili hiçbir şey anlatmadan konuyu hemen ağabeyine getirmelerindeki sebep sence neydi?"

"Buna alışmıştım çünkü her zaman bunu yapıyorlardı, buna alışmak ise bana sorarsan ölüm gibiydi, yani sürekli ikinci sınıf adam muamelesi görmek. Şu anda bunları hatırlamak bile mide bulantısı yaratıyor. Ben artık nedenleri düşünmüyordum ve sadece bu karanlık aile ortamından ne zaman kurtulabilirim, nasıl bir an önce büyürüm ve kendi hayatımı kazanırım, bunları düşünmeye başlamıştım. Kendime farklı bir hayat kurmak zorundaydım yoksa bu üzüntü küçük yaşta beni öldürebilirdi. Şöyle düşün, hiçbir suçun olmayan bir noktada ailen tarafından sürekli görmezden gelinmek ve adaletsizce bir başkasına önem verilmesi ölüm gibidir."

"Ağabeyinle aran nasıldı?"

"Ağabeyimle aramız normalde iyi olabilirdi ancak ona sürekli iyi davrandıklarının ve bana köpek gibi yaklaştıklarının sanırım o da farkındaydı, bu durum onun da bana aynı şekilde davranmasına neden oldu. Gittikçe yoğunlaşan bir yabancılaşma hissi aile içerisinde beni esir almıştı, artık gece uyumak için odama çekildiğimde bile hiçbir şeyi umursamadan uyuyordum. Ertesi sabah ölmek ya da uyanmak umurumda bile değildi. Üstelik şunu hatırlıyorum, ağabeyimle odalarımız yan yanaydı ve gece uyumadan onun odasının kapısını açarak ikisi birden 'İyi geceler oğlum' diye seslenirlerdi. Sanırım benim duymamam için bunu alçak sesle yapıyorlardı, çünkü benim odamın kapısı asla açılmadı. Benim nasıl bir gece geçirdiğim kimse için önemli değildi."

"Gerçekten üvey evlat olup olmadığını araştırdın mı?" Ailesinin davranışları bana o kadar garip gelmişti ki bu soruyu sormak zorunda hissettim.

"Elbette araştırmak istedim çünkü bu travma sonraki yıllarda asla peşimi bırakmadı. Biliyorsun ben varlıklı bir aileden geliyorum ve eski İstanbullu denilen ailemizin soylu olduğu söylenebilir. Dolayısıyla bu ailenin köklü bir geçmişi olduğu için araştırmak ve bilgiye ulaşmak zor değildi. Derinlere indiğim zaman kesinlikle üvey evlat olmadığım ortaya çıktı, ya da tüpçüden falan meydana gelmiş bir çocuk değildim. Sadece dedemin onlara bir sözü olmuştu; *ilk erkek çocuğu iyi yetiştirin.*"

"Nasıl yani deden böyle söyledi diye ikinci çocuk çöpe mi gidiyor?"

"Artık o yaşlı bunağın sözünü nasıl anladılar bilmiyorum ancak sanırım kabak benim başıma patladı, beni asla adam yerine koymadılar."

"Ben geçenlerde Netflix'te yer alan *Crown* dizisini izledim, senin anlattıkların ile birebir olarak örtüşen sahneler var, Prens Charles ilk erkek çocuk ama diğer iki erkek kardeşini adam yerine koyan kimse yok!"

"Evet ama biz kraliyet ailesi değiliz! Bana böyle davranmaları gerekmezdi, kimse taç için rekabet içerisinde değildi ve beni hayat boyu devam eden bir nefret duygusuna mecbur bıraktılar."

"Bunu biraz açıklar mısın?" diye sordum.

"Ben annem ve babamla, çocukluğumda asla güzel bir sahne hatırlamıyorum. Sabah kahvaltılarında ağabeyimin tabağına yemek koyarlarken bile benim tabağıma neredeyse zoraki yemek koyarlardı, aç kalmasın diye. Bu duyguyu bana her gün, her sabah ve her akşam yaşattıkları için öncelikle onlardan ve sonra ağabeyimden ömür boyu nefret ettim. Lise mezuniyet törenimde annem bana sarılmıştı, ona uzaylı gibi bakıyordum. Bu hareketine hiçbir anlam veremedim. Bu kadın bana neden sarılmıştı?"

Anlatırken aniden sustu ve bir yudum su içti. Bana bakmıyordu fakat o sarılma sahnesini tekrar yaşamıştı. Bu kısa sessizlik anı gittikçe uzadı ve on dakika kadar hiç konuşmadık. Ona biraz zaman vermenin doğru olduğunu düşündüm, ne zaman isterse o zaman devam edecektik, tüm bunlarla yıllar sonra yüzleşmek onu yormuştu.

Bir süre sonra ben telefonumu kurcalarken onun sesini duydum: "Biliyorsun trafik kazasında öldüler."

- Evet hatırlıyorum, cenazelerine gelmiştik.
- Peki cenazede beni hatırlıyor musun?
- Hayır, detayları hatırlamıyorum.
- Yüzümde herkesten saklamaya çalıştığım bir gülümseme vardı, öyle ki güneş gözlüğümü bir an olsun çıkarmadım. Öyle bir ruh halindeyken üzgün taklidi yapmak pek kolay değildi üstelik ne kadar mutlu olduğumu herkese göstermek istiyordum. Onların ölümünün benim için bir zafer anlamına geldiğini kimse bilemezdi, ya da ben öyle sanıyordum çünkü aniden çok garip bir şey oldu.
- Ne oldu?
- Babamın elli yıllık arkadaşlarından birisi yanıma geldi ve konuşmaya başladı, bu adam benimle hiçbir zaman sohbet etmiş birisi değildi ve ağabeyimle yakındı, sık görüşürlerdi. Sonra bir takım saçma sapan lafların ardından, "Senin yerinde olsam üzülmezdim çünkü bu insanlar seni asla sevmediler" diyerek uzaklaştı. Kanım donmuştu ve kendimi o kadar insanın içinde çıplak hissettim.
- Neden?
- Birisi beni görmüştü, ruhumu görmüştü ve sanırım bunu dile getirmeseler bile oradaki herkes bu durumun farkındaydı. Sadece bu adam gerçekleri ifade edecek güce sahipti ama diğerleri bunu söylemeye bile gerek duymuyorlardı, malumun ilanı! Gereksiz!
- Ölmeden önce onlara söylemek istediğin bir şey var mıydı?
- Gebermelerini gerçekten istiyordum ve bunu onlara söylemek isterdim. Bence bu dünyada kimse gerçekten sevgi vermeyecekse çocuk yapmasın! Böyle bir kural koysunlar ve sevgi özürlü insanlar çocuk falan yapmasınlar. Bak ben 60 yaşımı geçtim ve hala bu acılarla yüzleşmek zor geliyor.

İnsan kendini yapayalnız hissediyor. Bir ağabeyim var ama neredeyse hiç görüşmüyoruz, hayat boyu ona yaptığım hiçbir kötülük veya haksızlık yok ama ailem tarafından her zaman ikinci sınıf vatandaş olarak görüldüğüm için, ağabeyim de beni adam yerine koymuyor. Bu duygu çok ağır geliyor, hayatta varlıklı ve güçlü olmayı başardım ancak bunu yenmeyi başaramadım.

- Bunu kimse yenemez.
- Evet belki de haklısın, kimse üvey evlat muamelesi görmek istemez ve bunu kaldıramaz.
- Ağabeyinle bir yüzleşmen oldu mu?
- Bizimkiler öldükten sonra miras konuları açıldı, eşit olarak her şeyi bölüştük, orada avukatlarımızın yanında ona bir sözüm oldu, "Ben de onların evladı olduğumu şimdi anladım" dedim. Bana baktı ve hiçbir cevap vermedi, sonra omuzuma dokundu ve gitti. Söyleyecek bir sözü yoktu sanırım.
- Bu ağır hayat deneyimi seni nasıl bir baba yaptı?
- İki tane oğlum var ve ekmeklerini tam ortadan yarıya bölerim. Öperken aynı anda ikisini yanıma çağırırım. Asla adaletsizlik olmaz, bu konuda saplantılı biriyim.
- Eşin bu duruma nasıl bakıyor?
- Bundan memnun, yani yaşadıklarımı biliyor çünkü karım lise aşkımdı, neler yaşadığıma her zaman şahit oldu. Bütün bunlardan ders çıkarıp iyi bir baba olmam onu mutlu ediyor.
- Yani bu olayların sana olumlu bir getirisi olmuş?
- Dalga mı geçiyorsun? Ben ailesi tarafından sevilmeyen bir çocuk oldum. Anne, baba duygusunu asla yaşamadım ve kendimi hiçbir yere ait hissetmedim. Geceleri kimse beni öperek uykuya yatırmadı ve başarılı olmama rağmen hep bir başkasının gölgesinde kaldım. Haylaz, serseri ve

sorumsuz bir başkasının gölgesinde yaşamak zorunda kalmış zavallı biriydim. Bütün bunları içine çekemezsin, ağır gelir.

- Ailenin ölmesinden dolayı bugün halen mutlu musun?
- Sana bir sır vereyim; onların ölüm yıl dönümlerinde her sene şampanya içiyorum, beni anlıyor musun?

Sessizce ona baktım ve gözlerindeki nefreti gördüm, itirafının yayımlanması için beyaz kağıda onay yazısını yazarak imzaladı ve sonra şunları söyledi: "Bu itiraf bana kendimi güçlü hissettirdi. Bana her zaman haksızlık etmiş insanları sanki kendim öldürmüş ve onlardan intikamımı almış gibi hissettim..."

7

Onun yaşadığı hayatı kıskanıyorum...

Bu bölümde sizleri oldukça enteresan bir karakterle tanıştırmak istiyorum. YouTube videolarımda altını çizerek bahsettiğim *insanlara farklı bir pencere açma* misyonumu kitaplarımda sürdürüyorum. Bu adamı yaklaşık yirmi senedir tanırım ve yirmili yaşlarındaki tarzını, kırklı yaşlarında korumayı başarmasına her zaman şaşırdım çünkü hayatın ona karşı daha acımasız davranmasını beklerdim. Bu da benim itirafım olsun...

Onun itirafına geçmeden önce kendi itirafımı yapıyorum, belki de az sonra şahit olacağınız hayat deneyimini korumayı nasıl başardığını anlamadığım için içimde hafif bir kıskançlık olabilir çünkü benim hayatım hep çalışarak geçti. Hayatın bana hazırladığı yol içerisinde ciddi anlamda emek vermeden hiçbir şey bana verilmedi, oysa bu adam hiç çalışmadan ve asla kolunu bile kaldırmadan her şeye sahip oldu. Onun hayat planı belli ki bambaşka bir şekilde yazılmıştı, rahatı her zaman yerindeydi ve tahmin edilenin aksine varlıklı bir ailede falan doğmadı. Tam aksine yoksul bir ailenin oğlu olarak dünyaya geldi ama sanırım oyunun kurallarını benden daha iyi kavramıştı.

Pandemi sonrası yaz aylarında yasaklar kalkınca beni yazlığına davet etti, İstanbul yakınlarındaki sayfiyede yer alan lüks evine giderken onu ne kadar zamandır görmemiş olduğumu soruyordum kendime ve en az üç sene diye yanıtladım. Aramız her zaman iyiydi ve bir araya geldiğimiz zaman sohbetlerimiz günlerce sürebilirdi, dolayısıyla onu yakından tanıyordum ve benimle hayatındaki her şeyi dürüstçe paylaşırdı. Ona telefonda yeni kitabımın itiraflar ve günahlar üzerine olduğunu söylediğim zaman bu fikrin üzerine balıklama atladı çünkü tam ona göre bir şeyin üzerinde çalışıyordum. Ona telefonda itiraflarını dinlemek istemediğimi söylediğim zaman bana şöyle yanıt verdi:

- Neden, cesaretin yok mu? Eğer cesaretin yoksa neden böyle bir kitap yazıyorsun?
- Belki senin günahların ilgimi çekmiyor olabilir.
- Tamam da sana anlatacağım konular belki okurlarının ilgisini çekebilir.
- Evet bu konuda haklısın.
- O zaman fazla nazlanma ve hafta sonu bu tarafa gel, birkaç gün bende kalırsın hem de o lanet şehirden uzaklaşmış olursun.
- Ben burada gayet iyiyim dostum ama yine de seni ziyarete geleceğim.
- Gelirken yanında biraz viski getir, bendeki stoklar tükendi.
- Ben içmiyorum, biraz detoks yapıyorum bu ara.
- Fark etmez, benim yanımda detoks yapamazsın sana da ikram ederim.

- Senin hatun orada değil mi?
- Havuza giriyor, denize giriyor, bize bulaşmaz onun kendi arkadaşları var.
- Tamamdır, cuma akşamı gelirim, bana konum atarsın.

Cuma akşamüstü saatlerinde Tekirdağ taraflarına doğru yola çıktım. Yolda gün batımı gökyüzüne pembe tonlar vermişti ve kızıla çalan bir yalnızlıkla yol alırken birkaç gün şehirden uzaklaşmanın gerçekten iyi bir fikir olduğunu fark ettim, nefes alabiliyordu insan uzaklarda. Arabada müzik dinlemeyi sevdiğim için fonda *Thom Yorke "Analyse"* çalmaya başladı, ruhani bir şarkının baş döndürücü tınıları arasında ileri doğru gidiyordum, eğer böyle bir şey gerçekten mümkünse...

İnsanın tüm yolculukları aslında sadece kendi ruhuna doğru olduğu için, o hafta sonu bir başkasını dinlerken kendimle ilgili neleri keşfedebileceğimi bilmiyordum ve bu bilinmezlik duygusu aynı zamanda bir çeşit heyecan veriyordu. Yaz aylarında İstanbul'un bir miktar boşalmasından dolayı fazla trafiğe takılmadım ve sadece yola baktım, uzaklarda kendime ait bir şeyleri arıyordum ama kafam dalgındı. Hani bazen ruhunuz bedenin içindedir ama sanki aynı zamanda bir başka yerde gibidir, ben de ruh ve beden dengesini kurmaya çalışarak uzaklaştım geride bıraktığım ne varsa. Beni bekleyen sürprizler bir süre sonra sürpriz olmaktan çıkacaktı.

İstanbul'dan çıkalı bir saat kadar olmuştu ki yol kenarında bir tesiste durdum ve su aldım, Can'ın (elbette gerçek ismi bu değil) benden istediği bir şişe viskiyi daha önce alıp bagaja koymuştum. Nedense içimden geldi, bir tane de elma aldım ve yeniden direksiyona oturduğumda elma yerken karanlıkta ilerliyordum. Sol elimde tuttuğum elmanın suları pencereden giren rüzgarla üstümdeki gömleğe sıçradı ve o anda yakası lekelendi, buna hiç şaşırmadım. Bitirdiğimde sapını yola attım ve garip bir suçluluk duygusu hissettim, sadece elmanın sapını gece karanlıkta yola bıraktığım için. Aslında doğadan gelen bir şeyi yine doğaya bırakmıştım ve bunda garip bir şey yoktu ancak insan en ufak hareketinde bile kendini suçlamaya ve cezalandırmaya yatkın olduğu için yoğun toplumsal tabular ve değer yargıları ile kendi bireysel hayatına devam etmeye çalışıyordu. Bu durumda itiraf etmenin ve rahatlamanın her insan için ne kadar büyük bir terapi olduğunu sadece bir elma örneğiyle bir kez daha anlamış oluyordum.

Altımda akıp giden yol ve arkamda bırakıp gittiğim yıllar bir sürü günah ve hata saklıyordu. Bizi insan yapan şeyin içimizdeki iyilik olmadığını fark edeli çok uzun seneler olmuştu. Bizi insan yapan şey, içimizdeki şeytandan başkası değildi. O bizi yönlendiriyor ve asla aklımıza gelmeyeceğini sandığımız ilhamlar veriyordu, o bizden ibaretti ve biz de ondan ibaret yaşıyorduk. İyi insan olmak bir yanılsamaydı sadece ve nedense buna kendimizi inandırmak için çabalıyorduk.

Yolda yüzleşiyorsun, çünkü düşüncelerin seninle yalnız kalıyorlar. Bazı insanların tek başına araba kullanmaktan neden bu kadar keyif aldıklarını bir kez daha anlamıştım. Az yolum kalmıştı ve Can'ın bana gönderdiği lokasyonun beş kilometre kadar ileride beni bir ormanlık yola yönlendirdiğini fark ettim, ortalama seksen kilometre hızla gidiyordum biraz yavaşladım ve en sağ şeride geçtim. Sağımdaki koltuğun camını açtığımda arabanın içine muazzam bir meşe ağacı kokusu doldu, derin nefesler aldım ve yaz gecesine kavuşmak üzere olduğumu hissettim. İnsanın gerçekten yaşadığını hissettiği anlar vardır ve böyle anları yıllar geçse bile asla unutamayız. Ne zaman bu anlar aklımıza gelse yüzümüzde belli belirsiz bir gülümseme oluşur, işte öyle bir an yaşıyordum, sessiz ve derinden gülümsedim.

Arabada sadece ben vardım ama *asla yalnız değilsindir* dikiz aynasına baktığımda bunu hissettim, çünkü ben gülümsemiyordum ama aynada gördüğüm adam bana gülümsüyordu sanki yüzyıllardır tanışıyormuşuz gibi tanıdık bir ifade vardı yüzünde.

Bir yabancıyı saklıyordum içimde ya da ben o yabancının ta kendisiydim, aslında kimse kimseye yabancı değildi. Bir süredir itiraf hikâyelerini dinliyordum ve yıllardır insanların günah çıkarmak istedikleri bir papaz gibiydim. Ormanlık yola gelmiştim ve bunu bana hatırlatan navigasyondaki kadına teşekkür ederek sağa sinyal verdim, toprak bir yola girdim, iyice yavaşladım ve araba sarsılarak ilerlemeye başladı.

Toprak yolda giderken arabadaki tüm camları açtım, arabanın içine gecenin sesleri ve ağaç kokuları doluşmaya başladı, saat akşam sekiz civarı olmalıydı ama etrafta hiçbir yaşam ibaresi yoktu. Bu durumda Can'ın tam kendisine göre bir yer bulduğunu anladım, kimsenin ona erişemeyeceği bir yer bulmuştu ve gözlerden uzak, lüks yaşamına devam ediyordu. Erişilmez olmanın dayanılmaz hafifliği diyebiliriz...

Toprak yol benim tahmin ettiğimden çok daha uzundu, çünkü sanki hiçbir yere çıkmıyor gibiydi. Türkiye'de böyle saklı, gizli köşeler olduğunu bilmiyordum; sanki Amerikanvari korku filmlerinin çekildiği bir malikaneye çıkacak gibiydim ancak arabayı sürmeye devam ettikçe yanlış yolda olduğuma yönelik bir duygu beni esir aldı. Aniden durdum ama panik duygusunun beni esir almasına izin vermedim. Yolda sadece geri giderek geri dönebilirdim çünkü manevra yapacak bir geniş alan karşıma çıkmamıştı, eğer devam edersem ne kadar gidebileceğimi bilmiyordum belki de asla bir yere varmayan bir yol yapmışlardı ve beni en garip kabuslarıma götürecekti; söz konusu Can gibi haylaz bir adam olunca her şey mümkündü.

Bana cehennemin lokasyonunu atmış olabilirdi...

Arabayı çalışır halde bırakıp el frenini çektim, kapıyı açıp karanlık ağaçların arasında yola adım attım. Şöyle tarif edebilirim; yaklaşık üç metre genişliğinde bir toprak yolun iki tarafında bol çalılıklar ve ağaçlar var, her biri yaklaşık 15 metre uzunluğundaki meşe ve çam ağaçlarının arasından gökyüzündeki yıldızlar zorlukla görünüyor, etrafım yoğun bir yalnızlık duygusuyla kaplanmış ve hiç ışık yok. Sesler ruhumu ele geçiriyor, çünkü belki de o anda bir sırtlan uzaktan beni izliyor. Sırtlanlar beni pek sevmezler...

Tam da o anda arabadaki şarkı bulunduğum yere son derece uygun geldi bana; *Cesária Évora "Bésame Mucho"* ormanda yankılanmaya başladı, sanki o anda uzaklardan neşeli birkaç çığlık sesi duyar gibi oldum, bazı çığlıklar neşe ve zevk dolu olabiliyor... Fondaki latin ezgilerini duyunca aniden bir karar verdim ve yola devam etmem gerektiğini anladım, nereye çıkarsa çıksın bu hayatta gözü kara olmak iyidir çünkü yeryüzünden başka bir yere gidemezsin. Arabanın farları yolun 20 metre kadar ilerisini aydınlatıyordu ve daha fazlasını keşfetmek için sadece gaza basmam gerekiyordu ben de öyle yaptım. Ben yavaşça ilerlerken aniden şarkı değişti ve yine *Cesária Évora* bu defa *"Tiempo Y Silencio"* çalmaya başladı, o anda ruhum bile sessizdi. Şeytani bir adamın itiraflarını dinlemek için çıktığım yolda şeytani bir sessizlik bana eşlik ediyordu, sanırım o gece o yolda gerçekten yaşadığımı hissettim. Tüm hücrelerim canlıydı ve başıma geleceklere hazır gibiydim. Bir süre sonra aniden yolun ilerisinde belli belirsiz gece ışıklarını görmeye başladım, ağaçların devasa dallarından fırsat buldukça ışıklar karşıma çıkıyordu ve beni selamlıyordu, en azından artık doğru yolda olduğumu anlamıştım. İleride bir yerde hayat beni bekliyordu, hafifçe gaz verdim ve yolun sonunda bir şeyler olmasına sevindim. Yaklaştıkça manzara önümde netleşmeye başladı, evet belki bir malikane değildi ama Türkiye standartlarının çok ötesinde lüks bir villa ormanın içine saklanmıştı, az önce gördüğüm ışıklar villanın önündeki havuzun ışıklarıydı ve sesler havuza atlayan insanlardan geliyordu. Onlar yaşıyorlardı ve ben gerçekten yaşayan insanlarla tanışmak için bir yola çıkmıştım.

Kendime haksızlık edemem ve asla mağdur edebiyatını sevmem ama bu insanların yaşadığı hayat ise bizim yaşadığımız tam olarak neydi? Direksiyonda hissettiğim buydu, kafamda yankılanan soruyu her ne kadar uzaklaştırmaya çalışsam da bu konuda pek başarılı olamadım. Şöyle bir manzara düşünün, yaklaştıkça anladım ki Fransızca konuşan kadınların ve erkeklerin muhtemelen akşam yemeği sonrası havuz partisi yaptıkları sırada, havuzun hemen başında kurulmuş ufak bir DJ kabininde beyazlar giymiş yirmili yaşlarında genç bir erkek *Mika Relax* şarkısını çalıyordu, herkesin keyfi yerindeydi ve ben evin önündeki bahçeye uzanan yolda eve yaklaşık 50 metre mesafede durmuş bu garip manzarayı izliyordum.

Havuzda üç kadın zıplayarak ellerindeki kadehleri tokuşturuyorlardı, havuzun dışında ayakta sohbet eden iki erkek gördüm, bir detay o anda dikkatimi çekti; gerek havuzdaki kadınlar gerekse dışarıda sohbet eden adamlar elli yaşlarının üzerindeydiler. Ardından benim bu kadar yolu teperek buraya gelmeme neden olan adamı aradım ama görüş alanımda değildi, Can evin içinde bir yerlerde olmalıydı. Kartpostallarda kırmızı kiremitli çatısı ve bacasından duman çıkan sempatik haliyle ağaçlık alanların ortasında masallardan kalma evler çizilir, işte o manzaraya sadece eve ulaşılan yol ile ev arasında kalan bir havuz eklenmişti. Ufak bir havuz sayılmazdı beş metreye 30 metre uzunluğunda orta büyüklükte bir yüzme havuzu diyebiliriz. Yine de ve bütün bu lüks yaşama rağmen bir deniz manzarası olmamasına şaşırdım, çünkü Can'ın bulmacasında eksik bir parça asla olamazdı, bu hayatı kolunu kıpırdatmadan yaşamayı seviyordu.

Bir anda havuzun kenarında dikilen ve ayakta sohbet eden adamlar beni fark etmiş olacaklar ki sohbete ara verip direksiyonda hiç kıpırdamadan onları izleyen halime çevirdiler bakışlarını, artık bir hamle yapmam gerektiğini anladım ve arabayı olduğu yerde bırakıp inmeye karar verdim. Farları söndürdüm ve arabanın kapısını açtım, inerken burnuma yosun kokuları geldi ve denizin yakınlarda bir yerde olduğunu anladım. Sadece ağaçlardan dolayı görünmüyordu yani eksik parça falan yoktu, tahmin ettiğim gibi...

Havuzdakilerin yanından geçerken daha dikkatli baktım, hepsi de elli yaşlarındaydı, hatta havuzdaki iki kadının 65 civarında olduklarını düşündüm, onlara gülümseyip villanın açık kapısından girdim, kısa bir holün ardından salona açılıyordu ancak önemli bir detayı belirtmek zorundayım; holün tavanında ayna vardı ve kan kırmızı renge boyanmış duvarlarda asılı şamdanlarda mum yanıyordu, yukarıdaki aynada kendimle göz göze geldim ve nereye geldiğimin kesinlikle farkındaydım. Yaşayan insanların diyarına adım atarken kendimi yalnız hissettim. Salona açılan holde duvarlarda mum ışığında, asılı bazı tablolar görünüyordu. Her biri servet değerindeydi ve Can'ın hayatı boyunca sanat ile hiçbir alakası olmadığını biliyordum fakat eşi Cansu hanım (elbette gerçek adı bu değildi) sanat müzayedeleri düzenleyen ve lüks yaşamayı adet haline getirmiş bir kadındı, dolayısıyla bütün bunlar ruhunda en ufak zarafet barındırmayan bir adama hediye edilmiş bir hayatın ayak izleri gibiydi.

Bu satırlarda hissettiğiniz haset ve kıskançlık benim itirafımın sesidir ve unutmayalım ki biz insanlar zayıf varlıklarız, en azından bunu kabul edecek cesarete sahip olduğum için mutluyum.

Devam ediyorum çünkü henüz hiçbir şeye şahit olmamıştım, onun itirafını dinlemek için çıktığım bu yolculukta hoşuma gitmeyen ve beni rahatsız eden birçok şey ile yüzleşmek zorunda kalmıştım. Hayat denen şeye şahit oluyordum, benden uzaktaydı ama yine de ellerimi uzattığımda ona dokunabiliyordum. Şaka gibiydi...

Salona girdim ve hemen karşımda geyik kafası olan bir duvar gördüm, bütün salon kan kırmızı duvarlarda asılı tablolar ile beni karşıladı. Tabloların altında uzanan konsolların üzerinde antika eşyalar vardı, her biri daha ilk bakışta insanı cezbediyor ve sanki Afrika'da olduğunuz izlenimi veriyordu, çünkü birkaç tane fildişi kolye hemen dikkatimi çekti.

Salonda, bakışlarımı karşımdaki duvarda asılı duran geyik kafasından ayırıp benim girdiğim açık kapının sağ tarafında yer alan kahverengi deri kanepeye yönelttiğim zaman Can ile göz göze geldik. Kanepenin köşesinde oturmuş yanı başında ayakta dikilen takım elbiseli iki arkadaşı ile sohbet ediyordu, sanki her şey ağır çekimde ilerliyordu ve olan biteni anlamak için gördüğüm kareleri beynimde işleyerek yan yana getirmeye çalışıyordum. Salona girdiğimde sanırım içerideki bol tütsü kokulu atmosferden dolayı hemen ortama adapte olamadım. Bir süre donakaldım ve onlara beş metre uzaktan bakmaya başladım. Bunu gören Can ayağa kalktı ve yanıma gelerek: "Dostum hiç gelmeyeceksin sandım, beni bu bankacılardan kurtarmalısın" dedi. Ayakta dikilen banker kılıklı beyler gülümseyerek salondan ayrıldılar, nedense mekanik davranıyorlardı, sanki birisi onlara benim geldiğim anda salondan ayrılmalarını söylemiş gibiydi.

"Ormanın derinliklerinde ordusunu yöneten Marlon Brando gibisin" dedim.

- Evet güzel filmdi.
- Hatırlıyorsun demek.
- "Kıyamet" filmini "asla unutamam, belki sinemada senin kadar bilgi sahibi değilim ama yine de fena sayılmam.
- Boş ver şimdi filmleri, burada nasıl bir festival dönüyor tam çözemedim.
- Sen ünlü bir ilişki koçu olarak her şeyi çözersin sanırdım, beni şaşırtıyorsun.
- Bana öyle geliyor ki zengin kız fakir oğlan hikayesi olabilir.
- Bak işte çözdün bile!

Yüksek sesle kahkaha attı ve sonra ayakta sarıldık. Ben onun yöntemlerini biliyordum ve o da beni tanıyordu. Üniversite yıllarında hep zengin kızların peşinden koşan ve öyle bir kızı ağına düşürüp örümcek gibi kanını emen Can, yıllar sonra aynı yöntemlerle hayatına devam ediyordu.

Onunla sohbete başlayıp hikâyesini dinlemeden önce içimden itirafımı ruhuma fısıldadım; kadınların duygularını kullanarak veya buna benzer yöntemlerle hayatını yaşayan bu adamın tarzından nefret ediyorum. Evet şunu biliyorum; herkesin hayatını geçindirmek için kendine göre bir yöntemi vardır ama sadece paranın peşinde koşmak ve paraya ulaşmak için her yolu denemek bana ucuz geliyor. Şu anda gözlerini dikmiş bana bakan bu adamın ruhundaki tembelliği ve kafasını sadece esnaf kurnazlığı için kullanıyor olmasını mide bulandırıcı buluyorum.

Ona bakarken kendime bunları fısıldadıkça bu itiraf bana kibirli hissettiriyor, böyle yaşamları ve böyle insanları beğenmiyor olmanın kibrini tüm hücrelerimde hissediyorum...

8

Ben kadınları kullanmayı bilirim...

Ona getirdiğim viski şişesini uzatırken ormanda saklı villasını beğendiğimi söyledim.

- *Jack Daniel's* almana sevindim, diğer markaları içemiyorum.
- Ben sadece bunu içerim, başka marka bilmiyorum.
- İçmiyorum dedin telefonda.
- Evet altı aydır detoks yapıyorum, alkolü bir süre için bıraktım.
- Alkol de kadınlar gibidir, bıraktığını sanırsın ama asla bırakamazsın.
- Belki de öyledir, bir süreliğine ara verdim diyelim o zaman...
- Peki nasıl bir duygu?
- Temiz hissediyorum.
- Yazarken içmen gerekmiyor mu?
- Hayır.
- Hayattan ne istiyorsun peki?

- Neden? Bana iş mi teklif edeceksin? Bu kadar yolu senin patronluk taslaman için gelmedim dostum, biliyorsun maddiyatınla beni etkileyemezsin.

"Bunu biliyorum" diyerek beni onayladı. Bir süre hiç konuşmadan iki boksör gibi birbirimizi gözledik, o anda birer kadeh viski doldurdu ve benim kadehimi önümdeki siyah sehpanın üzerine bırakırken, "Tamamen senin kararın" dedi.

"Öncelikle şunu sormak istiyorum" dedim, "Ben bu gece burada kalıyorum ama sanırım başka misafirlerin de var, bana odamı hazırladın mı?"

"Ben odanı hazırlamam, hizmetçiler hazırlar, bu evde sekiz oda var yani herkese yetecek kadar oda olduğunu anlayabilirsin" dedi.

"O zaman sıkıntı yok" diyerek arkama yaslandım ve aniden aklıma gelmiş gibi "Arabamı yola bıraktım" diye söze girdiğimde beni konuşturmadı, "Evet bütün bu arazi bizim, istersen ağaçların üzerine bile park edebilirsin, senin zevkine kalmış."

"Peki anlamadığım bir şey var, bunca yıldır tanışıyoruz ama asla bana günah çıkarmaya çalışmadın, bu kitap için çevremdeki günahkarların itiraflarını topladığımı duyunca hemen üstüne atladın, neden bu kadar isteklisin?"

Siyah keten gömleğinin cebinden sigara kutusunu çıkarıp, bir tane sigara aldı ve üstüne kendi ismini yazdırdığı çakmağıyla sigarasını yakarken, bakışlarını bir an olsun üzerimden ayırmadı. O anda aklımdaki sorunun yanıtını bulmuştum; bu adamı uzun yıllardır tanıyor olmama rağmen aslında kime benzettiğimi çıkaramıyordum oysa o anda dikkatli bakınca anlamıştım; *Narcos* dizisindeki *Pacho* karakterini andırıyordu.

"Sana itirafta bulunmak istedim ama zaten ne anlatacağımı biliyorsun."

- Hiçbir fikrim yok.
- Hadi canım oradan, mutlaka bir fikrin vardır, ben senin aklında dönen tilkileri bilirim, senin en ufak bir detayı kaçırdığını hiç görmedim. Sana bunca yolu yaptıran nedir?
- Aslında söylediğinde pek istekli değildim ama sonra hafta sonu bir yerlere uzaklaşma fikri bana çekici geldi, yine de bu kadar egzotik bir yerde takıldığını bilmiyordum.
- Beğendin demek!
- Böyle bir yeri beğenmeyecek bir insan var mıdır?
- Bilmem. Sen genelde kolay beğenmezsin, şu aristokrat tavırların ünlüdür...
- Bana karşı acımasızlık ediyorsun, sana göre çok sıradan bir hayat yaşadığıma eminim.

Bunu söylerken salondaki konsolların üzerindeki fildişi kolyeleri gösterdim. İşaret ettiğim yere bakınca gülümsedi ve "Hiçbiri gerçek değil" dedi.

"Burada gerçek olan bir şey var mı?" diye sorduğumda "Evet, yaşadığım hayat gerçek" diye yanıtladı.

Biz bu adamla ne zaman bir araya gelsek kanlı bir boks maçı yaşanıyordu aramızda ve sanırım ikimiz de buna zaman içinde alışmıştık. Bir çeşit bağımlılık gibiydi. Tepişmeyi seven iki oğlak ve sanırım aramızdaki tek ortak nokta buydu, o da oğlak burcuydu.

Bir an başımı kaldırıp tam üstümüzde asılı duran avizeye baktım, bu da antikaydı. Sonra oturduğum deri koltukta arkama yaslanıp tam karşımdaki tekli koltukta oturmakta olan Can'a şunu sordum: "Peki nereden başlamak istersin?"

"Hayatım tembellikle geçti dostum" dedi, "Ben hayatımda hiç çalışmadım ve her zaman lüks içinde yaşadım, sence bu bir günah mıdır?"

"Buna ben karar veremem, ayrıca biliyorsun bugüne kadar binlerce kadının hikayesini dinledim ve asla kimseyi yargılamadım. Bence insan böyle bir varlıktır."

- Nasıl bir varlık?
- Günahkar bir şeydir insan, onu yargılamak yanlış olacaktır.
- Neden yanlış sence?
- Çünkü hayat yeterince zor ve insan bu koşullarda hem hayatın zorluklarına ayak uydurmak hem de kendisine keyif veren şeylerden uzak durmak zorunda tutuluyor. Bu durumda bazı günahlar işlemesi bence normal. Özellikle de bu günahların bir başkasına zararı olmuyorsa, onu yargılamak insafsızlık olacaktır.
- Peki sence tembelliğin başkalarına zararı olur mu?
- Nasıl bir tembellikten bahsediyoruz?
- Hayatım boyunca kimse için bir şey yapmadım ve hep insanlar bana çalıştılar, bu durumdan bahsediyorum.
- Evet bir anlamda sorumsuzluk diyebiliriz ve bana kalırsa başka insanlara mutlaka zararın dokunmuştur.
- Özellikle de kadınlara...
- Tam da bundan bahsediyoruz zaten, sen hep kadınlara saplantılı biriydin ve onları kullanarak lüks hayata ulaşmayı seviyorsun.
- Hani yargılama olmayacaktı?

- Yargılamıyorum, olan biten bu değil miydi?
- Evet benim hayatımın özeti sanırım budur, haklısın.
- Gördüğün gibi yargılamıyorum ama bazı gerçekleri ifade ediyorum diyelim. Sanırım belli bir noktada bunları söylemek istedin ve dahası da var.

Derin bir nefes aldı sigarasından ve bir süre dışarıdaki havuzdan gelen sesleri dinledi, sonra bakışlarını yeniden bana çevirerek "Didem ile evliliğimi hatırlarsın" dedi. Onu bakışlarımla onayladığımı görünce devam etti: "O evlilik tamamen para için yapılmıştı, maddi anlamda berbat bir haldeydim ve hayata dair hiçbir umudum yoktu, o zamanlar kendime bir çıkış yolu arıyordum ve aklıma tek bir fikir geliyordu, zengin bir kız bulup hayatımı kurtarmak. Tam da aklımdan bunları geçirdiğim bir süreçte üniversitenin kantininde Didem ile tanıştım. Normal şartlar altında asla ilgimi çekecek bir kız değildi, hani erkekler arasında 'Kezban' denen klasmanda bir hatundu. Belki çok zengin bir ailenin kızıydı ama bende bir arzu yaratabilmesi için en az yirmi defa estetik operasyondan geçmesi gerekiyordu. Ona bu gerçekleri söylemek yerine çok güzel olduğunu ve ondan etkilendiğimi söylemeyi tercih ettim. Elbette her kadın gibi bu yalanlara hemen inandı, *kadınlara duymak istediklerini söylersen aşık olurlar...*"

"Yani Didem'e karşı asla bir duygu hissetmedin?" diye sordum.

"Asla" diyerek beni onayladı, "Fakat bunu bilmesine bence hiç gerek yoktu çünkü bana istediğim hayatı ve daha fazlasını verebilecek bir kadındı. Hayat bana maddi anlamda pek cömert davranmamıştı ama neyse ki fiziksel olarak kadınların dikkatini çeken bir adam oldum her zaman. Senden yakışıklı olduğumu kabul etmelisin!" derken bana gülümsedi.

"Dostum ben yakışıklı olduğumu pek sanmıyorum, dolayısıyla evet sen öndesin."

"Sen her zaman aramızdaki en zeki adam oldun" derken bakışlarında garip bir ifade vardı, sözü nereye getireceğini anlamadım ama onu dinlemeye devam ettim.

"Kimseyle asla rekabete girmeden sadece kendi işine bakan adam bence en zeki olandır, bir de insanlarla arana koyduğun şu mesafe var ya, işte ona hayranım."

"Didem'i anlatıyordun" diyerek araya girdim, "İstersen oradan devam edelim."

"Pekala, dediğim gibi hayatımda bir manevra yapmam gerekiyordu çünkü maddi anlamda istediğim noktanın çok uzağındaydım ve sürünüyordum. Hayatımda bir mucize olmayacağını biliyordum, dolayısıyla kendim bir hamle yapmaya karar vermiştim, tek ihtiyacım olan o dönemde varlıklı bir ailenin kızıyla tanışmaktı ve bu aniden gerçekleşti."

"Kızın neye benzediği sanırım hiç umurunda değildi?" diye sordum.

"Dünyanın en çirkin kadını olabilirdi, bu konu benim için önemsiz bir detay bile değildi, sadece bana zenginlik kapılarını açması gerekiyordu ve onun dışındaki her şey anlamsızdı. Didem ile tanıştığımız zaman bir süre nasıl bir aileden geldiğini anlamaya çalıştım ve iki hafta kadar sonra sağlam bir piyango biletini elimde tuttuğumu artık biliyordum. Bu bileti hayatım pahasına elimde tutmaya karar verdim, o benim hayata dönüş biletimdi ve zengin yaşamak için başka bir planım yoktu. Dolayısıyla ona gösterdiğim ilgiyi sürekli artırdım ve o dönemde çevremde bana ilgi gösteren tüm kadınları kendimden uzaklaştırdım, artık onlara ihtiyacım yoktu. Bu arada onlardan bazıları at gibi kızlardı..."

"At gibi derken biraz daha açar mısın?"

"Neyi açacağım ağabey? Dehşet hatunlardı işte, yatağa girdiğin zaman sana en büyük zevkleri yaşatacak kadınlardan bahsediyorum, hepsine sırtımı döndüm çünkü en ufak bir hata payım bile yoktu. Didem'in ona deliler gibi aşık olduğuma inanması gerekiyordu, böyle bir fırsatı asla kaçıramazdım. Üstelik Didem'in bir kardeşi falan da yoktu yani bir evin tek kızı, çöpsüz üzüm gibiydi!"

"Güzel bir benzetme" dedim.

"Dostum ben kadınların bu tavırlarını seviyorum, onlara ilgi gösterdiğin zaman direk armut gibi düşüyorlar, yani bir kadını tavlamak benim için çocuk oyuncağı diyebilirim. Etrafımda her zaman yoğun çalışan ve sürekli emek veren adamlar gördüm, bir tanesini yakından tanıdım çünkü benim babamdı ama nasıl aç öldüğünü biliyorum, yani çalışmak sana bunları getirmez" derken oturduğumuz salonu işaret etti.

"İnsan hayatında bazı kararları vermek zorundadır ve bu tip kararlar birer makas değişimi gibidir ya bu kararları verirsin ya da patinaj yapmaya devam edersin. Ben o zamanlar çok net bir karar vermiştim lüks içinde yaşamak istiyordum ve buna ulaşmak için her yolu denemeye hazırdım. Didem ile ilişkimiz tam iki sene sürdü, çünkü evlenmemiz için onun mezun olması gerekiyordu. Yoluma çıkan tüm engelleri sabrederek aştım, o dönem ne kadar dikkatli olduğuma inanamazsın."

"Mesela ne gibi engeller çıktı karşına?"

"Sanırım en büyük engel babasıydı çünkü bizim birlikte olmamızı asla istemiyordu. Adam uyanık bir sanayiciydi ve benim nasıl bir sefil olduğumu daha ilk görüşte anlamıştı. Onlarla tanışmaya gitmek için lüks bir araba kiralamıştım, adamın hemen dikkatini çekti. Düşünebiliyor musun milyon dolarlık sanayici adam sıradan bir arabayla geliyor, ben o zamanlar öğrenciyim altımda *BMW* var, şaka gibi bir manzara..."

"Resmen salaklık etmişsin."

"Evet ağabey acemice bir hataydı, adamı etkilemek isterken bir çuval inciri berbat etmek üzereydim, neyse ki Didem'in gözü benden başkasını görmüyordu ve ona gösterdiğim ilgi kızın başını döndürüyordu. Sabah günaydın mesajlarıyla başlayan fırtına, gecenin geç saatlerine kadar sürüyordu. Gün içerisinde tek bir saniye iletişimi kesmiyordum ve bu kız fakültede kimsenin dönüp baktığı bir kız bile değildi, dediğim gibi estetik operasyonlarla belki güzel bir kadın olabilirdi, en azından karga burnunu düzeltmesi gerekiyordu. Neyse, ben zaten onun yüzüne bile bakmıyordum, mesela ona bakarken, seks yaparken falan ben beş milyon dolarla yatağa girdiğimi hayal ediyordum. Bir çuval dolarla seks yaptığını bir düşünsene, ne büyük bir zevk!"

İkimiz de gülmeye başladık, bu adamın hayal gücüne şapka çıkarmamak elde değildi, aynı zamanda bunları söylerken çılgına dönen yüz ifadesi görülmeye değerdi. Anlatırken kendini kaybediyordu, dikkatimizi yeniden toplamamız birkaç dakika sürdü. Sonra kaldığı yerden devam etti: "Kızla seks yapıyorduk mesela, ben kendimden geçiyordum, kendimi motive edecek hayaller kuruyordum. Eğer onunla seks yaparsam, karşılaşma sonunda bana kupa vereceklerini falan hayal ediyordum. Her zaman sağlam bir motivasyonum oluyordu ve zaten olmasaydı asla ereksiyon olamazdım, inanılmaz tipsiz bir kızdı. Sonra evlendik, onu hemen hamile bıraktım, hiç vakit kaybetmedim çünkü ailesinin beni kabullenmesinin tek yolu bir torundu. Yani çocuk falan umurumda değildi, sadece ben paraya ulaşmak istiyordum. Babası bize para yedirecek bir adam değildi ama bir torunu olduğu zaman para musluklarını açacağını tahmin etmiştim ve tam da düşündüğüm gibi oldu. Bu dedelik falan nasıl bir duygu bilmiyorum ama şeytanı meleğe çevirir, adam cömert olmanın yanı sıra bana düzgün davranmaya başladı. Birlikte yemeğe gitmeler, 'Damat' diyor sahipleniyor şerefsiz, aniden iyi adam çıktı bunun içinden, meğer dede olmak istiyormuş. Ben sadece paraya ulaşmak için bu adamın kızını düzüyordum ve adam bundan memnun oluyordu, hale bak!"

Yutkundum. Bakışlarındaki şeytani gülüş tam üzerimdeydi, bir süre ayırmadı ve sonra kahkaha atmaya başladı. Aynı anda dışarıdaki havuzdan gelen haykırışlar bize kadar ulaştı, o gece ormanda herkes mutluydu ve ben hayatın özüne ulaşmak için insan ruhunun karanlık hikayelerini dinlemeye devam ediyordum. Can, bir an oturduğu koltukta doğruldu ve kadehini bana doğru kaldırdı, ben içmiyordum.

"Her ne kadar bana eşlik etmiyor olsan da kadehimi senin derin ruhuna kaldırıyorum. Bugün burada sana anlattıklarımı senden başkasıyla asla paylaşamazdım ve insanın çevresinde senin gibi bir adam olması büyük bir şans" diyerek beni selamladı.

"Kafayı bulmaya başladın" dedim.

"Hayır ben gayet iyiyim" diyerek itiraz etti, "Keyfim yerinde ve şu ana kadar anlattıklarım bile bana iyi geldi. İnsan anlattıkça hafifliyor, üstelik birinin beni anladığını hissetmek yalnızlık duygusundan kurtulmamı sağladı. Bazı şeyler insanın içinde biriktikçe büyüyor ve zamanla bu yüklerden kurtulmak istiyorsun."

"Didem ile evliliğin nasıl geçti ve sonra neden boşandınız?"

"Ya bu evlilik zaten sadece para için yapılmıştı, yani benim maddi ferahlığa ulaşmak dışında hiçbir amacım yoktu. Zamanla ona ve saçma ailesine alıştım çünkü ne var biliyor musun; *para insana iyi geliyor*. Rahata ulaştığın zaman bundan asla vazgeçmek istemiyorsun ve bunu kaybetmemek için her şeyi yapmaya hazır bir insan haline geliyorsun, ben de bu duyguyla hareket ediyordum. Her şey iyi giderken babası planlarımı bozan bir hamle yaptı ve şirketinde bana iş vermek istedi, üstelik sorumluluk falan isteyen bir görev olacaktı ve muhtemelen şirketi ileride bana bırakmayı düşünüyordu. İşte tam da o noktada ben çuvallamaya başladım!"

"Muhtemelen senin sorumluluk kavramından hoşlanmadığını bilmiyordu."

"Adamın daha ilk görüşte beni çözen çakal tavırları gitmiş ve yerine pamuk şekeri gibi hassas bir adam gelmişti, görsen var ya nasıl saçma sapan hareketleri vardı. Didem anne olduktan sonra babası ve annesi etrafımızda dönüyorlardı, ne istesek alınıyordu ve özellikle benim mutlu olmam için her şeyi yapıyorlardı. Bir yerlerde bu oyunun bozulacağını anlamıştım ama ne zaman olacağını tam olarak kestiremiyordum. Neyse, babası hep beraber yediğimiz bir akşam yemeği sırasında, ağzındaki baklayı çıkardı ve pazartesi ofise gel işe başla gibilerinden bir şey söyledi. Renk vermemeye çalışsam da canım sıkılmıştı, çünkü benim hayattaki amacımı anlamamıştı bu adam, ben zengin olmak istiyordum ancak çalışmak istemiyordum ve bunu ona anlatmamın bir yolu yoktu, dolayısıyla sessizce teşekkür ettim. O hafta sonu Didem ile konuşurken kendi işlerime devam etmek istediğimi söyledim, babasına bu durumu anlatmalıydı."

"Sen ne yapıyordun o sıralar?"

"Yani pek bir şey yaptığım söylenemezdi aslında, gündüzleri işe gidiyorum diye çıkıp bazı arkadaşların ofislerine uğruyordum, zaten sabah 11'de kalktığım için bir anda akşam oluyordu, babası bize aylık bir para bağlamıştı. Torun sahibi olunca, yani çocuk aylığı diyelim işte, o para bize yetiyordu ve işin sonunda her şeyin bize kalacağını bildiğim için kafam rahattı ancak bu iş teklifi her şeyi bozmuştu. Neyse Didem babasından beni rahat bırakmasını rica etti ancak babası dinlemedi ve ısrarla bana bir iş vermek istedi. Ona kalırsa ben işleri şimdiden öğrenmek zorundaydım ve ne kadar erken hakim olursam, ileride o kadar rahat edebilirdik. Aptal herif, zaten torunlarına yetecek kadar para kazanmıştı ve halen çalışmaktan bahsediyordu. Bazı insanların hayatı ne kadar anlamsız, görüyor musun?"

"Haklısın" dedim, "Bazı insanlar çalışmak dışında bir şey bilmezler ve bunun gerçekten de saçma olduğunu anlıyorum, belki de en doğrusu senin gibi tembellik yapmak!"

"En zekice formül, para kazanma yöntemlerini öğrenmektir ve bir erkek için paraya ulaşmanın en kolay yolu kadınlardan geçer. İlgi karşılığında elinde, avucunda ne varsa vermeye hazır kadınların sayısını bir bilsen."

"Biliyorum zaten" diye yanıtladım, "Para yediren kadınların hikâyelerini dinliyorum, benden seans alıyorlar."

"Evet biliyorsun işte, onlar benim için her zaman birer ekmek kapısı oldular, dolayısıyla bunun dışında bir para kazanma yöntemi bilmiyorum. Aslında buna adaletli bir alışveriş diyebiliriz çünkü onların ilgiye, benim de paraya ve güce ihtiyacım var. Dolayısıyla iki taraf da memnun kalıyor. Ben bu alışverişi fark ettiğimde yirmili yaşlarımdaydım ve o zamandan beri hiç zorluk yaşamadım."

"Çünkü her zaman para yedirecek bir kadın vardır, öyle değil mi?"

"Kesinlikle öyle ama bu benim hatam değil, ben sadece onlara istediklerini veriyorum ve karşılığında istediğimi alıyorum. Evet biraz yalan katıyorum ve onlara hayatımda hiç hissetmediğim duyguları fısıldıyorum ama söylediğim her şeye inanmak zorunda değiller."

"Kadınlar her zaman inanmak istediklerine inanırlar" dedim.

"Kesinlikle öyle ve sanırım bu durum onların en büyük zaafı olabilir. Ben gözlerine bakarak yalan söylediğim zaman bile akıllarının bir köşesinde bunun büyük bir yalan olduğunu fark etseler de duygularının sesine engel olamıyorlar ve işin enteresan yanı, söylediğim yalan ne kadar büyük olursa o kadar derinden inanıyorlar."

"Belki de büyük yalanlar daha etkileyici olabilir" diyerek onu onayladım. "Bir kadına güzel olduğunu söylediğin zaman onun dikkatini çekersin fakat ona gördüğün en güzel kadın olduğunu söylediğin zaman onu etkilersin. Öte yandan, eğer aynı kadına gözünün ondan başka hiçbir kadını görmediğini söylersen kendine aşık edersin..."

"Evet aynen, söylediğim yalanlar büyüdükçe kadınlarda bıraktığım izler de büyüyordu ve onları kendime bağlıyordum. Neyse, ana konuya dönecek olursak ben onun yufka yürekli babasının bana verdiği işte çalışırken zorlanmaya başladım. Çünkü sabah yedide kalkıp ofise gitmem gerekiyordu ve düşünebiliyor musun, bunu haftanın beş günü yapmak zorundaydım!"

"Evet farkındaysan insanlar bu şekilde yaşıyorlar."

"Fakat ben o insanlardan biri olmamak için kendime uzun zaman önce bir söz vermiştim ve en azından kendime verdiğim sözü tutmak zorundaydım. Mesela bu bir prensip meselesi gibiydi, dolayısıyla işten kaytarmak için kendimce yöntemler buluyordum ve bazı günler gitmiyordum, hasta olduğumu falan söylüyordum ya da çocuğa bakmak istiyordum, oysa çocukla falan hiçbir alakam yoktu."

"Kaç yaşında oldu şimdi?" diye sordum.

"24 yaşına geldi, hala da çok sınırlı iletişimdeyiz, benden baba olmaz."

"Kız çocuğun, babasıyla iletişimi çok önemli. Muhtemelen senin yüzünden karşı cinsten nefret ediyordur" dedim.

"Valla benim meselem değil, ben çocuğu sadece para kapılarını açmak için yaptım, ona karşı hiçbir şey hissetmiyorum ama yine de bir teşekkür borçluyum çünkü onun sayesinde zengin bir hayat yaşamaya başlamıştım."

"Yine de kimsenin çocuğuna karşı bu kadar ruhsuz olabileceğini sanmıyorum" dedim.

"Dostum ben sana bu gece sadece kendi ruhumu açmıyorum" dedi, "Aynı zamanda kendime bile itiraf edemediğim gerçekleri anlatıyorum, çünkü madem bu kadar yol geldin maskelerimi indirmeye karar verdim."

Bir yanıt vermediğimi görünce anlatmaya devam etti: "Kızımı elbette seviyorum ama bu durum ona ilgi göstermemi gerektirmiyor, ben sadece kendi hayatıma önem veriyorum, öyle diyelim. Küçük yaşlardan itibaren geliştirdiğim hayatta kalma içgüdüsü beni böyle bir adam haline getirdi, kimse ve hiçbir durum benim rahatımı bozmama neden olamaz. Günün sonunda ben sadece kendi muhasebemi yaparım ve o günden aldığım zevkleri üst üste toplarım, yani bu hayatta bana verilen her günün suyunu sıkarım, alabileceğim tüm keyifleri almaya çalışırım."

"Aslında bunları anlatırken bakışlarındaki egonu görebiliyorum ama böyle bir adam olman maalesef seni farklı kılmıyor çünkü sadece narsist bir insansın, hepsi bu ve sana bir sır vereceğim, bu ülke narsist insanların cennetidir; yani her köşebaşında bir narsist bulabilirsin dolayısıyla sen de onlardan birisin" dedikten sonra onun bakışlarındaki hayal kırıklığını birkaç saniye boyunca keyifle izledim. Sonra devam ettim: "Ben de bu kadar yolu gelirken bana itiraf edeceğin gerçekten ilginç bir şeyler olduğunu sandım, oysa klasik narsist erkek hikayeleri, yine de bu gece burada kalıp, sabahtan kalkar giderim çünkü yapacak daha önemli işlerim var."

"Bir dakika ben seni etkilemeye çalışmıyorum" derken öfkeliydi, "Ben sadece kendimi sana açıyorum çünkü buna gerçekten ihtiyacım var, bana bir iyilik yaptığını düşün ve eğer anlattıklarım ilgini çekmiyorsa kitabında yer vermezsin, son karar senin. Pekala, Didem'in babasıyla zaman içinde kavgalarımız başladı ama bu durumu yine de idare edebilirdim. Asıl problem Didem ile seks hayatımız bozulunca başladı, çünkü artık lüks hayata ulaştığım için eskisi gibi onunla sevişirken motive olamıyordum. Babası bize çok pahalı bir ev satın almıştı ve benim altıma *Mercedes* vermişti, dolayısıyla biraz rahata ulaşmıştım. *Bilirsin yoksulluktan gelen her erkek, rahata kavuştuğu anda karısını aldatmayı düşünür.* Ben de gözümü diğer kadınlara dikmeye başlamıştım. Artık seks hayatımı da zenginleştirebilirdim, oysa o zamanlar altı yıldır hayatımda olan Didem'i benimle evlenmeye ikna edebilmek için bir başka kadına dönüp bakmamıştım, yani efsane bir oyunculuk göstermiştim. Bu durumda aniden dikkatimin başka kadınlara kayması onu şaşırtmaya başladı. İlk başlarda buna bir anlam veremedi ve sessizce durumu gözlemledi ama sonra rahatsız oldu. Başka kadınlarla günümü otel odalarında geçiriyordum ve eve geldiğimde gömleğimdeki kadın kokularını almaya başladı, evet çirkin bir kadındı ama sandığım kadar aptal değildi."

"Her kadın aldatıldığını fark eder" diyerek araya girdim.

"Ya valla Didem salak görünümlü bir kadındı nasıl anladı bilmiyorum, ben kafama göre takılırım sanıyordum ama düşündüğüm gibi olmadı kısa zamanda kötülüğümün kokusunu aldı. Neyse, ben sonuna kadar inkar yöntemiyle ne söylerse hayır diyordum ve asla başka bir kadın olamaz diyerek onu sakinleştirmeye çalışıyordum."

"Ama bir işe yaramadı sanırım."

"Bu şekilde iki sene kadar idare ettik ancak şöyle stratejik bir hata yaptım, eğer diğer kadınlarla sevişme seanslarımı yaparken ofiste bana verilen işi boşlamamış olsaydım, en azından babasını kendi tarafıma çekebilirdim. Fakat o dönem, artık beynimle düşünmeyi bırakıp, kendimi seks alemlerine verdiğim için sağlıklı hareket edemiyordum. O dönem bir şeyi gözlemledim; Didem çok şaşkındı çünkü yıllardır karşısında son derece sadık ve ilgili adamı oynamayı başarmış Al Pacino kılıklı adam, tel tel dökülüyordu. Bir kadının böyle bir dağılma sürecinde yaşayabileceği şaşkınlığı asla hayal edemezsin."

"Ederim çünkü senin gibi adamlar nedeniyle benden seans alıyorlar."

"Kusura bakma bazen yaptığın işi unutuyorum. Üstelik kadınların dertlerini dinliyorsun, bana kalırsa çok zor bir iş olmalı. Neyse, ben Didem'in şaşkın bakışları altında yıllardır ondan gizlediğim adamı sahneye koyarken babası da bana karşı tavır almaya başladı ve kendi aralarında benden kurtulmanın planlarını yaptılar. Artık dönüşü olmayan bir noktaya doğru gidiyordum, boşanmamız neredeyse kesinleşmişti, belki evliliğimi kurtarmak için bazı hamleler yapabilirdim ancak inancımı ve en kötüsü de motivasyonumu kaybetmiştim. Artık bu kadınla yatmak ve sabahları uyandığımda onun çirkin suratını görmek istemiyordum, yanımda seksi bir kadın olmalıydı sabahları, ben bunu hak ediyordum. Neleri başarabileceğimi ve kendime bir hedef koyduğum zaman ne kadar başarılı olduğumu kendime göstermiştim, dolayısıyla artık kendime yeni hedefler koymalıydım, hayatım boyunca iç güveysinden hallice yaşamak istemiyordum."

"Ve sonra boşandınız."

"Evet tek celsede boşandık, velayet konusunda bana sorular sorduğunda zaten çocuğu istemiyorum diye yanıt verdim. Didem'in yüzündeki kanı donmuş ifadeyi asla unutamıyorum, ben bu adamla nasıl evlendim der gibiydi! Beni asla tanımamıştı çünkü ona gerçek yüzümü asla göstermedim. Benim gibi bir adamın kafaya bir şey koyduğu zaman, ne kadar büyük bir aktör olabileceğini asla anlamamıştı. Bana kalırsa bütün bunlar onun için de büyük bir hayat deneyimi olmuştur."

"Bundan hiç şüphem yok" derken doğruldum ve önümdeki sehpaya koyduğu viskiden bir yudum aldım. Bunu görünce gülümsedi ve "Uzun zaman sonra iyi gelmiştir" dedi.

"Sonraki yıllarda kızınla pek vakit geçirmedin sanırım?" diye sordum.

"Anlamıyorsun, yapacak daha önemli işlerim vardı, neticede ben Didem ile evliliğimde lüks bir hayat yaşamaya alışmıştım ve ondan boşanırken hedeflediğim rakamı alamadım."

"Nasıl yani bir de sana boşanmanız için para mı verdiler?"

"Sen beni tanımamışsın dostum. Böyle zengin bir aileden para almadan boşanacağımı sanıyorsan beni hafife alıyorsun demektir. Elbette para istedim, yoksa yıllarca çekişmeli boşanma ile uğraşmak zorunda kalacaklardı, ben babasından beş milyon istedim ama sadece üç milyon alabildim. Yine de iyi bir kazanç oldu diyebilirim."

Ona hayranlıkla baktığımı görünce devam etti: "Evet bakışlarından okuyabiliyorum, ben kadınları ve onların bana getirdiği parayı kullanmayı bilirim. Bu benim sanatımdır. Sen üç milyon kazanmak için çalışırsın ama ben tek bir kadından bunu kazanırım. Bu arada yanında çalışırken babasının işiyle ilgili bazı özel bilgileri öğrenmiştim, adam bana bunları açacak kadar güvenmişti ve boşanma aşamasında bunları bir şantaj malzemesi olarak kullanmak istedim ancak işe yaramadı. Üç milyon lirayı adeta bir tükürük gibi yüzüme çarptılar, bir de üstüne sağlam bir dayak yedim, iki adamı bu şantajımı duyunca beni iki saat boyunca dövdüler. Neyse ki canlı bırakmaya karar vermişlerdi, yoksa şu anda karşında oturuyor olmazdım. İtiraf ediyorum ki sağlam bir dayağı hak etmiştim ve eğer bunu yapmamış olsalardı daha da ileri gidebilirdim."

"Mesela nasıl daha ileriye?"

"Şantaja devam ederdim veya eski karım Didem ile yatakta çektiğimiz bazı videolarımız vardı, onları babasına gönderebilirdim."

"Bu kadın senin eski karın ve aynı zamanda kızının annesi?!"

"Eğer beni sağlam dövmeselerdi adamdan bir beş milyon daha koparmak için bunları yapardım emin ol, sadece daha fazla para istiyordum."

"Bu durumda sana uyguladıkları şiddet senin kendine gelmeni sağlamış diyebiliriz."

"Hayır yanılıyorsun beni kendime falan getirmedi, ben sadece korktum ve insan için korkudan daha önemli bir duygu yoktur. Korkuyla bir insana her şeyi yaptırabilirsin, özellikle benim gibi ilkel varlıklar şiddetten anlar, eğer birisi benden daha güçlü değilse onu kesinlikle ezmeye çalışırım."

"İnsan insanın kurdudur..." diyerek onun anlatmak istediği durumu özetledim, "Bu durumda sen modern dünyanın iletişim dilinden anlamıyorsun, sadece şiddet dili senin için belirleyici oluyor."

"Benim için belirleyici olan güçtür ve ben sadece güce inanırım, eğer birini ezebiliyorsam ezerim, aksi halde uzak durmayı tercih ederim."

"O zaman sen dayak yedikten sonra bu aileden uzak durmaya karar verdin."

"Kesinlikle öyle, şantajın bana daha fazla dayak veya ölüm getirebileceğini anlamıştım, dolayısıyla üç milyon lirayı boşanma için alıp yoluma devam etmeye karar verdim, fena bir para sayılmazdı ama yine de hayattaki hedefim bundan fazlaydı."

"Bence senin davranış biçimin ve anlattıkların ilgi çekici, kitapta yer verebilirim, fakat itiraflarını ismini vermeden yayımlamam için senden yazılı bir onay almam gerekiyor, bana bir kağıt kalem getirebilir misin?"

"Bir dakika daha bitmedi ki, seni sadece bir itiraf için buraya davet etmedim, daha fazlası var; eğer dinlemek istersen ve yorgun değilsen devam edelim."

Arkama yaslanıp viskiden bir yudum daha aldım, karşımda oturan adamın aşağılık ruhunu okurlara ulaştırmak bana iyi bir fikir gibi gelmişti. Üstelik nasıl bir adam olduğunu kendisi de biliyordu ve bunu benimle paylaşmaya karar vermişti.

9

Ben mağduru oynamayı severim...

"Dışarıdaki insanlar kimler?" diye sordum.

- Cansu'nun arkadaşları.
- Fransızca konuştuklarını duydum dolayısıyla seninle bir alakaları olmadığını tahmin ettim, sen yabancı dil bilmezsin.
- Evet ama ben kadınların dilinden anlarım.
- İkinci itirafın bununla ilgili sanırım.
- Kesinlikle öyle, muhtemelen bu evde nasıl oturduğuma ve bütün bunlara nasıl sahip olduğuma şaşırmışsındır.
- Seninle ilgili hiçbir şey beni şaşırtmaz.
- Yine de ben anlatmak istiyorum, sen merak etmemiş olsan da bana bir iyilik yaparak dinleyebilirsin çünkü başladığım işi bitirmeyi severim.

"Didem'den ayrıldıktan sonra" diyerek sözlerine başladı, "Uzun bir süre sağda solda gezdim, bana verdikleri parayı faize yatırdım ve daha mütevazi bir hayat yaşamaya başladım, artık lüks bir evde değildim ama yine de fena bir muhitte olmayan bir ev tuttum, kendime göre döşedim ve yeni avımı bulmak için İstanbul gecelerinde dolaşmaya başladım. Tek yapmam gereken aslında en iyi yaptığım şeyi tekrar etmek olacaktı, yani zengin bir kadın bularak onun servetine çökmek! Bu konuda zorlanmazdım ama en önemlisi odaklanmaktı; yani zengin bir kadınla tanıştığın zaman her şeyden önce bazı konularda onu ikna etmelisin."

"Hangi konular mesela?"

"Ona deliler gibi aşık olduğuna, sadık bir adam olduğuna ve gözünün ondan başkasını görmediğine inandırmalısın ve bunu yapabilmek için ciddi anlamda kendini rolüne vermelisin. Neredeyse buna kendin de inanmalısın ve işini ciddiye alman gerekir. Bunu bir iş gibi düşünürüm, beni milyonlarca liraya kolayca götürebilecek bir iş. Bir başka erkeğin yıllarca çalışıp zar zor kazanabileceği rakamların yüzlerce katına sadece üç, beş aylık yoğun bir çalışmayla ulaşabileceğimi biliyordum ve sürekli konsantre olmak için kendimi telkin ediyordum. Aynı zamanda şans faktörü de önemliydi; yani ben bu oyunu oynamak için ne kadar hazır olsam da karşıma zengin bir kadının çıkması da önemliydi. Ama genelde şanslı biri olduğum için, mutlaka o kadını bulacağımı biliyordum. Sadece doğru zamanın gelmesini bekliyordum. Bir akşam Nişantaşı'nda sadece zengin kadınların takıldığı bir kulüp ortamında Cansu ile tanıştım. Daha ilk konuşmamızda avımı bulduğumun farkındaydım, sonunda doğru zaman gelmişti, bu kadını kaçıramazdım. Uzun yıllar Paris'te yaşamış olduğunu söylerken orada bir evi olduğunu ima etti, sadece bunu duymak bile benim için yeterliydi. Bakışlarımı ona odakladım ve gözlerimi bir an olsun ayırmadım, beni gerçekten etkilediğine inandırmak istedim, bunu güzel cümlelerle süsledim ve zaten onun her halinden uzun zamandır duygusal boşlukta olduğunu anlamıştım. Hiç tereddüt etmeden numarasını istedim ve ertesi gün sabahtan itibaren ona dehşet bir ilgi göstermeye başladım, bu kadın benim yeni piyango biletim olacaktı."

"Benim anlamadığım bir şey var, her ne kadar iyi bir aktör olsan da karşına hiç zeki kadın çıkmıyor, her sözüne inanıyorlar, bu durum biraz garip değil mi?"

"Dostum kadınlar ilgi gösteren erkeğe zeka ile yaklaşamazlar!"

"Bu ne demek oluyor?"

"Bir kadına ilgiyle ve sevgiyle yaklaştığın zaman, bunlar tamamen sahte olsa bile o kadının tüm kozlarını elinden almış olursun, artık sana karşı mantık yürütemez ve senin söylediklerine inanmak için kendini ikna etmeye başlar."

"Bunun dışında bir yöntemin var mı?"

"Sence başka bir yönteme gerek var mı? Ben bu yöntemle milyonlarca lira kazandım, sence yeterince iyi bir yöntem değil mi? Bir de mağduru oynamayı severim, özellikle zengin kadınlara güçlü hissettirdiğin zaman ve patron sensin dediğin zaman seni asla bırakmazlar. Bu durum hoşuma gidiyor çünkü ben zaten sorumluluk almayı falan sevmediğim için onlara gerçekten büyük patron olduklarını gösteriyorum. Özellikle dominant ve baskın karakterdeki kadınlar, kendi hayatında bir yerlere gelememiş ve yardıma muhtaç adamlara bayılırlar."

Kendinden emin bir şekilde anlatıyordu: "İlginç bir nokta dikkatimi çekiyor, yüzlerce kadınla birlikte oldum ama çoğunluk ya aslan ya da balık burcuydu, gerçi bunlar senin konuların ama belki işine yarar diye söylüyorum. Cansu aslan burcu ve eski eşim Didem de aslan kadınıydı, bunlar kendi sözlerinden çıkmayan adamlara bayılırlar ve asla maskülen enerjide bir erkekle birlikte olamazlar. Ben bir kadınla tanıştığım zaman ilk sorularımdan bir tanesi burcuyla ilgili olur, mesela aslan kadını olduğunu öğrenirsem hemen yardıma muhtaç ve hayatta hep mağdur olmuş bir adamı oynarım aslan kadınları buna bayılırlar. Örneğin akrep kadını bunun tam tersidir, karşısında güçlü ve özgüvenli bir erkek görmek ister, aksi halde uzaklaşır."

"Dersine bayağı iyi çalışmışsın" diyerek araya girdim.

"Milyonlarca liradan bahsediyoruz, aynen finansal analiz yapar gibi kadınlara çalışırım ve daha ilk görüşte bir kadının ne kadar parasını yiyebileceğimi hesaplarım. Bu konuda yanıldığımı hiç görmedim, mesela Cansu ile tanıştığım gece onun çok büyük servet sahibi olduğunu anlamıştım, sadece tasma geçirip yanında gezdirebileceği uyumlu bir adam arıyordu ve ben bu role girmeye hazırdım. Bir kadın benden ne istiyorsa ben onu yaparım, eğer baskın olmamı isterse onu da yaparım."

"Bu durumda bir karakterin olmuyor, karaktersiz birisin?" diye sordum.

"Bu gereksiz bir detay" diye yanıtladı hiç istifini bozmadan, "Karakter bir yüktür ve bu hayatta yüklerinden kurtulmadan asla ileri gidemezsin, ben böyle saçma sapan detayları geride bırakalı yıllar oldu, sadece para ve güç önemlidir."

Ses çıkarmadan onu izlediğimi görünce konuşmasını sürdürdü: "Neyse, ben kendi hikayeme devam ediyorum, bu kadının tek kötü yanı benden biraz yaşlı olmasıydı."

Araya girerek sordum: "Cansu Hanım şu anda nerede?"

"Dışarıda havuzda!"

"Nasıl yani?"

"Evet havuzda Fransa'dan arkadaşlarıyla havuz partisi yapıyorlar, eve girerken onları görmüş olmalısın."

"İyi de havuzda altmış yaşlarında teyzeler vardı."

"Evet o 64 yaşında!"

Şaşkın bir panda gibi ona bakıyordum, bir an sessiz ve nefessiz kaldım. Şaka yaptığını düşünmek istedim ama yüz ifadesi gayet ciddiydi.

"Dostum benden biraz yaşlı dedim ya, benden yirmi yaş büyük ama bu durum beni rahatsız etmiyor ben aşka inanıyorum" derken kahkaha attı ve keyifle bir sigara yaktı. Şunu itiraf etmeliyim ki o anda içimi kaplayan duygu artık şaşkınlık değildi, ona hayranlık duymaya başlamıştım çünkü bütün bunları gayet normal şeylermiş gibi anlatırken, kendinden iğrenmek bir yana, gurur duyar gibiydi. Aslında etraflıca düşündüğüm zaman aklıma kertenkele geliyor, bu sürüngenin kendine göre bir hayat anlayışı vardır ve kimse onu bir sürüngen olduğu için yargılayamaz. Yapısal olarak bir davranış biçimi vardır ve kimsenin girmeyi düşünmediği deliklere girerek kendine gıda bulur, hayatta kalmayı başarır ve yaşam döngüsünde kendine bir yer edinir. Onun bir sürüngen olması aşağılık bir yaratık olduğu anlamına gelmez, sadece bir sürüngendir.

Olaya buradan baktığınız zaman sürüngenlerin de bir tarzı olduğunu kabul edebilirsiniz, girdikleri lağım delikleri belki ilk başta midenizi bulandırır, ancak yeryüzündeki canlı türleri arasında geniş bir yelpaze olduğunu unutmadan değerlendirmek daha iyi olacaktır. Bu durumda Can benim için bir sürüngendi ve onu böyle kabul etmek gerekiyordu, nedense yaşamına böyle devam etmeye karar vermişti.

Savaş Tanrısı filminde Nicholas Cage'in beni etkileyen bir repliği vardır, çok zengin olmasına rağmen neden hala silah satmaya devam ettiğini sordukları zaman şöyle yanıt verir: "Çünkü ben bu işte iyiyim."

Can da yaptığı işte iyiydi ve hayatını böyle devam ettirmekten keyif alıyordu, başka bir açıklaması olamazdı. Ben bunları düşünürken "Aklından neler geçiyor?" diye sordu.

"Kendimi bir an yirmi yaş büyük bir kadınla hayal etmeye çalıştım ama başaramadım" dedim.

"Dostum sen bir başkasının parasını yiyemezsin, bu işler sana gelmez ama benim için bunlar çocuk oyuncağı" dedi, "Ben kadınların parasını keyifle yerim ve asla arkama bile bakmam, ben yemesem başkası yer, neden bu kadar zenginliği başka adamların eline bırakalım öyle değil mi?"

"Bütün bunlar onun mu?"

"Elbette onun, kocasından miras kalmış ve benimle tanıştığı zaman bir daha aşkı bulmayı beklemediğini söylemişti, oysa ben ona ve onun sahip olduğu her şeye aşık olmaya hazırdım. Benim bu aşk için neler yapabileceğimi bilmiyordu ama zamanla anladı çünkü bütün hayatımı ona verdim. Bütün günüm, sabah öğlen ve akşam onunla geçiyor, sadece sürekli ilgi gösterip yanından hiç ayrılmadan onun gözlerine bakmamı istiyor, ben de bunu yapıyorum!"

"Tam olarak ne kadarlık bir servetten bahsediyoruz?"

"80 milyon lira desem, belki durumu anlarsın?"

"Bu defa ciddi bir bilet almışsın, amortisi bile yüksek olur" dedim.

"Hiç şüphen olmasın! Onunla aramızda harika bir ten uyumu var! Bana daha önce hiç yaşamadığım zevkler yaşatıyor, bir kadını bu kadar arzuladığımı hiç hatırlamıyorum."

"80 milyonu arzuluyorsun desek?"

"Evet bir erkeğin arzularını zirveye çıkaracak bir rakam" dedi, "Üstelik bunun içinde taşınmazlar yok, bu ev gibi bir sürü yazlık ev, İstanbul'da bir yalı dairesi, Paris'te bir ev, bu defa büyük balık avladım diyebiliriz. Tek yapmam gereken tüm dikkatimi ve ilgimi bu kadına vermek ve bunu yapmaya hazırım. Hayatımın bundan sonraki bölümünü rahat yaşayabilmek adına her şeyden vazgeçmeye hazırım. Cansu benim diğer kadınlarla takılmama izin veriyor, mükemmel bir kadın."

"Nasıl yani, bayağı geniş bir bakış açısı diyelim, bu konuda ciddi misin?"

"Evet genç kızlarla bir gece geçirmeme izin veriyor, yani sürekli bir ilişkiye izin vermiyor ama mesela ayda bir defa arzuladığım bir kız bulduğum zaman onunla yatabilirsin diyor. Aslında şöyle bir kafa yapısı var, ben hayır desem de bu adam beni aldatır, en azından benim bilgim dahilinde yapsın ve kimseye bağlanmasın."

Sessizce dinlediğimi görünce devam etti: "Ayrıca kendi çevresinden beğendiğim kızları bana ayarlıyor, beni mutlu etmek için her şeyi yapıyor. Elbette bu durum tek taraflı değil, karşılıklı. Ben de ona her zaman ilgiyle yaklaşıyorum ve onu hayatımın merkezine koyuyorum, bunu yaptığım sürece beni bırakmayacağını söylüyor."

"Peki neden evlenmiyorsunuz?"

"Bak zeki adamsın tam üstüne bastın! Geçen ay ona evlenme teklif ettim buna gerçekten şaşırdı ama teklifimi kabul etti, ocak ayı gibi evleniriz sanırım. Onunla mutluyum, bazı banka hesaplarını benim yönetmemi istedi, dolayısıyla yüklü miktarda paraya her an erişimim var. Bana güvenmesi çok önemliydi."

"Neden güvenmesin, sen güvenilir bir adam değil misin?"

"Bana sarkastik yaklaşma dostum ne demek istediğini biliyorum ancak unutma ki bu hayatı yaşamak ve böyle kadınları avlamak için ben de emek vermiş biriyim."

"Bir seks işçisi olduğunu söyleyebilir miyiz?"

"Aslında hayır. Çünkü kadınları yatakla değil ilgiyle tavladım her zaman. Onları kendi dünyamın merkezine koydum ve başka hiçbir şeyle ilgilenmedim, dolayısıyla böyle bir ilgiye hayır diyecek bir kadın tanımıyorum."

Esnediğimi görünce "Burada bitirelim" dedi ve kağıt kalem getirip yazılı onayı imzaladı, bu itirafların sonunda nasıl hissettiğini sorduğum zaman şunları söyledi: "Kendimi yeniden özgür hissettim, içimi dökmek beni rahatlattı. Yaptıklarımdan dolayı hiçbir pişmanlığım yok, çünkü dünyaya tekrar gelseydim aynı şeyleri yapardım. Ben kadınlara istemedikleri hiçbir şey yapmadım ve sadece onları mutlu etmeye çalıştım. Karşılığında ben de onlardan bazı şeyler aldıysam, bu dünyada her şeyin bir maliyeti olduğu içindir. İlginin ve sevginin maliyeti bazen yüksek olabilir..."

10

Ben her gün haset duygusuyla yaşıyorum...

İnsan ruhundaki karanlık odalarda gezmeye devam ediyordum. Çevremdeki insanların itiraflarını dinledikçe kendime "Nasıl bir çevrem var?" diye sormaya başladım ve bence gayet haklı bir soruydu. Öte yandan kimse temiz değildi ve yeryüzü en temiz ruhları bile kirletebiliyordu, çünkü diğerlerinin ellerini kirleterek neleri elde edebildiklerini gördüğün zaman artık temiz kalmak istemiyorsun...

Kitap projemi duyan herkes bir şeyler anlatmak için beni arıyordu ve benden bunu isteyen herkes evine davet ediyordu, "Bana gel bir şeyler içeriz, konuşuruz sana anlatacaklarım var!"

Bir yandan bu duruma alışıktım çünkü yıllardır kadın-erkek ilişkileri üzerine seanslar yapıyordum ama öte yandan tanıdığımı zannettiğim insanların içinden çıkan şeytani alevler beni ürkütmeye başlamıştı. Neden ve nasıl olduğunu bilmeden içine girdiğim bu kitap projesinin kontrolü sanki ellerimden çıkmış gibiydi, artık kendimi akışa bırakmış sürükleniyordum ve kanlı sularda dinlediğim hikâyeler beni şaşırtmıyordu, insan günah demekti, insan şeytani ruh demekti ve insan çeşitli rutinlerle kendini temizlemeye çalışan bir yalan makinesi gibiydi.

İşitsel bir insan olmak, bütün bunları dinlemekten ve ruhun derinliklerine inmekten keyif alan bir dalgıç olmamı sağlıyordu. Kendimi bildim bileli dinlediğim kimseyi yargılamayı sevmiyordum, çünkü eğer sonuçlar varsa mutlaka sebepler de oluyordu. Bir insanı şeytani ruh haline getiren sürecin başlangıcını iyice analiz etmeden onu yargılamak bana göre değildi. Önceki bölümlerde yer alan her hikayenin çok hüzünlü başlangıçları olduğunu biliyordum ama yine de bazı insanlar sonuna kadar iyi olmaya ve iyi kalmaya çalışıyorlardı, işte buna saygı duymamak elde değildi.

Bu bölümde bir kadının hikayesine kulak verdim, yine yakın çevremden ve sık görüştüğüm başarılı bir iş kadını arkadaşım bana ruhunun derinlerine inen yolu gösterdi ve hatta bu yolculukta bana rehberlik etti. Buna yoldaşlık diyebiliriz. Gecenin karanlığında arabamda ilerliyorduk ve yaz aylarında olduğumuz için İstanbul yolları boşalmış gibiydi çünkü o sıralar herkes kendini güney sahillerine atmıştı. Boğaz'da yer alan bir kafeye gidiyorduk, gece gündüz açık olan mekanlardan biriydi ve genelde onunla gece yarısı bir yerlerde buluşup, kahve içmek gibi bir alışkanlığımız vardı. Onu evinden aldım ve Boğaz'a doğru giderken saat gece 11 civarıydı, arabada hiç konuşmadık ve düşünceli olduğunu fark ettim, camdan gece ışıklarını ve sokakları izliyordu. Bir kadının hüznü arabanın içini doldurmuştu ve nefes almakta zorlanıyordum.

Bu noktada kısa bir bilgi vermek zorundayım, çocukluğumdan beri adeta bir yük gibi taşıdığım, bazı insanlara çok çekici gelen bir özelliğim var. Bana neden böyle bir özellik verildiğini bilmiyorum ama hayatım boyunca bunu kullanmak zorunda kaldım; tanıdığım ya da tanımadığım her insanın ruhsal enerjisini okuyabiliyorum. Bu durum yazıldığı kadar kolay değil ve bunu taşımak gerçekten çok zor. Örnek vermem gerekirse; yeni bir insanla tanıştığım zaman yaklaşık üç dakika kadar onunla aynı ortamda kalmam halinde, onun nasıl bir enerjiye sahip olduğunu ve niyetini hissediyorum, eğer o anda birini öldürmeyi planlıyorsa bunu çok net söyleyebilirim. Bu durum çok sayıda insanın benden uzak durmasına neden olmuştur, çünkü göz göze geldiğimiz zaman benim bu özelliğimi fark edip kendilerini benim karşımda çıplak hissederler. Bu his aniden benden uzaklaşmalarına neden olur çünkü yüzlerine taktıkları o maske benim karşımda pek işe yaramaz, içlerindeki şeytani duyguları benden saklayamazlar. Ben insanların ruhundaki karanlık tarafa daha fazla odaklıyım çünkü iyilik perisini oynadıkları yüzleri beni pek ilgilendirmez. Onları yargılamadan ve oldukları gibi kabul ederek şeytani taraflarını görebiliyorum ama bazen bu durum onların hoşuna gitmez, çünkü herkes kendini saklamayı tercih eder. İnsanlık tarihi boyunca toplumsal değer yargıları insanlara hep iyi olmalarını emretmiştir dolayısıyla maske takmalarını gayet doğal karşılıyorum. Bahsettiğim bu ruhsal okuma özelliğine sahip insanlara İngilizcede *clairvoyant* deniyor ve bizim dilimizde bunun karşılığı *durugörü* olarak biliniyor.

Bu özelliğin aynı zamanda lanetli bir tarafı var çünkü mesela bir arkadaşımı onun çevresindeki bir insanla ilgili uyardığım zaman şaşırabiliyor, "Ama bana karşı tavırları çok iyi, neden onun kötü bir niyeti olduğunu söylüyorsun?" dediği zaman sessiz kalıyorum, çünkü o insandan benim aldığım enerjiyi alamıyor, hepsi bu. Onu suçlamıyorum ve ben kendi görevimi yaparak onu uyarıyorum ama günün sonunda her insan kendi kararlarını verme özgürlüğüne sahiptir.

Yaz gecesinde İstanbul'un görece olarak boş sokaklarında ilerlerken kafamdan bunları geçiriyordum ve yanımdaki arkadaşım Hande (elbette gerçek ismi bu değil) sessizce dışarıyı izlemeye devam etti.

"Umarım her şey yolundadır" dedim.

"Bu hayatta ne kadar mümkünse o kadar yolunda" dedi.

"Anlatacakların var sanırım, uzun bir hikâye olacağa benziyor."

"Kitap projende işine yarayabilir çünkü bu gece sana bir itirafta bulunmak istiyorum. Bunun yükünden kurtulamıyorum ve son çarem olarak sana başvuruyorum."

Derin bir nefes alarak yola baktım, onun zorlu bir özel hayatı olduğunu biliyordum çünkü birçok şeyi benimle paylaşırdı ama son iki senedir neler çevirdiğinden haberim yoktu. Pandemi süreci ve hayatın yoğun akışı içerisinde biraz uzak kalmıştık, bu arada konular birikmiş olmalıydı. Bana ilişkilerinde yaptığı şeytanlıkları anlatırdı ve son derece baskın bir karakter olduğunu bildiğim için yine bazı oyunlar oynadığını tahmin ediyordum ama sanki o gece yenilmiş gibiydi, bu sefer bazı şeyler onun istediği gibi olmamıştı ve dominant bir kadın için bundan daha büyük bir acı yoktur.

Kafeye oturduk ve birer sade kahve söyledik. Bir süre sessizce bekledim, dinlemeyi seviyordum ve onun anlatmak istediği şeyler vardı, bu durumda geyik muhabbetlerine girmeye çalışmadım bence buna gerek yoktu. Kendini ne zaman hazır hissederse konuya girecekti, sonra bakışlarını kafenin dışındaki kaldırımlardan bana doğru çevirdi ve aniden şunu sordu: "Dondurma yemek ister misin?"

Olumsuz anlamda kafamı salladım ama onun için iki top dondurma siparişi verdim. Bazı kadınlar canları sıkkın olduğu zaman iştahları daha çok açılıyor, buna her zaman şaşırdığımı itiraf etmeliyim, iki top dondurmayı ben daha anlamadan yedi bitirdi. Artık konuşmaya hazır olduğunu bakışlarından anladım, kahvesini içerken anlatmaya başladı: "Hayatımın aşkını buldum!"

"Bu muydu yani konu? Buna sevinmelisin, surat asacak ne var?"

"Ama onu geçen hafta kaybettim, benden ayrıldı ve bunu kaldıramıyorum. Aslında her şey tam da istediğim gibi gidiyordu ama o kaltak karı her şeyi bozdu..."

"Pekala her şeyi daha detaylı anlatır mısın? Başlangıçtan itibaren anlat yeterince vaktimiz var" diyerek arkama yaslandım.

"Yaklaşık bir sene önce iş gezisinde tanıştık, ben İzmir'e gitmiştim bazı toplantılar için ve iki gün kalıp dönecektim. Bu adamla tanışmam tesadüf oldu diyebilirim, gerçi sen tesadüf diye bir şey olmadığına dair bir kitap yazdın ama bence garip bir tesadüftü. İçeri girdiğimde benim toplantı yapacağım adamın ofisindeydi, meğer o gün onu ziyarete gelen bir arkadaşıymış ve en son bir sene önce görüşmüşler, bunları bana sonradan anlattı. Toplantıyı yaparken o da katıldı, sanırım ilk görüşte benden hoşlandı ve çekip gitmek istemedi, toplantı sırasında bakışlarını hep üzerimde hissettim. İşi gücü bıraktım ve adamdan etkilenmeye başladım, o gün İzmir'de hava sıcak değildi ama ben oturduğum yerde deliler gibi ıslandım, bir türlü görüşmeye odaklanamıyordum. Hani bazı insanların verdiği bir enerji vardır, aynı ortamda olmaları seni heyecanlandırır, işte öyle yoğun bir heyecan içimi kapladı."

Anladığımı gösterir şekilde kafamı salladım ve dikkatle dinlemeye devam ettim.

"Toplantı sonrası ayrılmak üzereyken, durumu anlamış olan toplantı sahibi bir bahaneyle odadan çıkıp bizi yalnız bıraktı, arkadaşının bana düştüğünü anlamıştı sanırım."

"Düşmek derken?" diye sordum.

"İşte bana aşık olduğunu demek istiyorum!"

"Sana kaç defa söyledim ve seni uyardım erkekler ilk görüşte aşık olamazlar, bu kadar hızlı duygu üretebilen varlıklar değiliz. Sen bana bu kadar yakın bir insan olmana rağmen hala bunlara inanıyorsan zaten sana yazıklar olsun! Sana o kadar ders verdim papatyam, hala ilk görüşte aşık olan adamlardan bahsediyorsun."

"Ya bırak şimdi papatyayı falan, bu adam bana aşık oldu diyorum sana!"

"Kızım sen salak mısın? Defalarca söyledim sana, koskoca Boğaziçi Üniversitesi'ni bitirmiş bir kadınsın, işlerinde başarılısın, halen sırtlanlara düşüyorsun be!"

"Neyse hikayemi piç etme lütfen, adam gibi anlatıyorum araya girme bırak da biz konuşalım!"

"Zaten sen konuşuyorsun, ne var yani yorum yapmak da mı yasak?"

"Yorumlarını kendine sakla ve beni dinle, ben senden akıl istemiyorum sadece bir itirafta bulunmak istiyorum bu akşam."

"Peki öyle olsun" diyerek sustum ve sözü ona bıraktım.

"Adam hemen numaramı istedi mutlaka görüşmek istediğini söyledi, bence naz yapmaya gerek yoktu, bana bakışları, ilgisi..."

"İlgi derken toplantıdaki bakışlarından mı bahsediyorsun?"

"Elbette gözlerini benden hiç ayırmadı!"

"Sen buna ilgi mi diyorsun? Yani bir erkek yarım saat boyunca gözlerini senden ayırmadığı zaman, sence sana aşık mı oluyor? Allah aşkına bu gece burada beni delirtme! YouTube videolarımı hiç mi izlemedin?"

"Canım, bak, bir kadın hisseder, aşık olan adamın bakışlarını hisseder, ben o gün emindim; yani bu adam bana vurulmuştu."

"Peki tamam" diyerek yine sustum ama bu sefer gerçekten susmaya karar verdim.

"Ben İzmir seyahatimin sadece iki gün süreceğini ona söylemiştim dolayısıyla elini çabuk tutması gerekiyordu, hemen o akşam beni yemeğe davet etti, güzel bir balık restoranında İzmir Kordon'da rüya gibi bir akşam geçirdik. Yemek, bana bakışları, aniden elimi tutması, hepsi ilk görüşte aşk olduğunu gösteriyordu. Sanırım o akşam yemek üç saat kadar sürdü ama en güzeli biz birbirimizi yıllardır tanıyor gibiydik. Ben kimseyle yakın hissedemiyorum biliyorsun ama bu adamın yanında o kadar rahat ve güven içinde hissettim ki yıllardır aradığım aşkı bulmanın heyecanıyla ayaklarım yerden kesilmişti, bulutların üzerinde uçar gibiydim, benzersiz bir duygu yaşatmıştı bana."

Bu sefer hiç bölmeden dinlediğimi görünce tarihe geçen büyük aşk hikayesine devam etti: "Yemekten sonra nerede kaldığımı sordu ve beni otele bırakmayı teklif etti, kendim giderim bana bir taksi bul dedim, 'Hayatta izin vermem' dedi ve zaten ben onun bırakmasını istiyordum, adamdan ayrılmaya gönlüm yoktu. O akşam yemeğinin sonsuza kadar sürmesine hayır demezdim, kendimi ilk tanışmada hiçbir erkeğe ait hissetmemiştim daha önce..."

Kendimi tutamayıp sordum: "Ait hissetmek derken?"

"Evet yemekte kendimi ona ait hissettim."

"İyi de sen bu tip lafları hiç sevmezsin, daha önce kullandığını hiç duymadım."

"Her şeyin bir ilki vardır tatlım, feminist kadınlar da birisine ait olabilirler."

"Feministlerin yanında bunu söyleme sakın, seni doğramasınlar!" dedim.

"Evet biraz kavgacı oluyorlar haklısın, ama bir kadın günün sonunda kendini bir erkeğe ait hissetmek ister" dedi.

Yorum yapmadım ve hikayesine devam etmesini istedim, kaldığı yerden heyecanla anlatmayı sürdürdü:"Yemekten sonra beni otelime bıraktı ve odama gelmeyi teklif etmedi, kesinlikle bir sırtlan değildi ve bu tavırlarına bayılmıştım."

"Dur tahmin edeyim, sen onu odana çağırdın!" dediğimde bakışlarını başka tarafa yöneltti.

"İnsan içinden geldiği gibi yaşamalı öyle değil mi? Ben kendimi o gece akışa bırakmayı tercih ettim ve onu odama davet ettim, yukarı geldi ve rüya gibi geçen akşam yemeğinin sonunda kendimizi şeytani alevlere bıraktık."

Sanki onay bekler gibi bana baktığını görünce tepkiyle sordum: "Bana neden bakıyorsun, senin seks hayatın için benden onay almana gerek var mı?"

"Kusura bakma özür dilerim senin tanışma sonrası ilk otuz gün kuralına uyamadım, bu adamla tanıştıktan sadece altı, yedi saat sonra onunla yatmış oldum. Bana kızmakta haklısın."

Anlamadığım bir şeyi ona sormak istedim: "İyi de burada bir itiraf hikayesi yok ki, sadece gecelik ilişki yaşanmış, bu çok bayat bir hikaye iş yapmaz. Ben de senin şeytani bir hareketin oldu sandım, konu buysa kusura bakma kitapta yer veremem" dedim.

"Hayır daha neler oldu neler, mesele gecelik ilişki değil, hayatımın son bir senesi bu adam yüzünden berbat oldu asıl konuya birazdan geleceğim" diyerek susmamı işaret etti.

"Geceyle ilgili detaylara girmiyorum artık onlar bize kalsın, ertesi sabah ikimiz de bitkin halde çok geç saatte uyandık. Bir de baktım kahvaltım yatağıma kadar gelmiş, aman Tanrım ne kadar düşünceli bir adam, ben böylesini görmedim diye düşünürken gerçekten mutluydum. Neden biliyor musun? Çünkü sonunda hayatımın erkeği, ruh ikizim, ikiz alevim, ruh eşim karşıma çıkmıştı, patlıcan kızartması gibi adamdı! Ben böylesini İstanbul'da bulamamıştım ama kader ağlarını örmüş ve onu İzmir'de karşıma çıkarmıştı, özel hayatımda asla yüzüme gülmeyen şansın sonunda karşıma çıkmış olması, uzun zaman sonra o sabah yataktan çok mutlu kalkmamı sağladı. Dünya üzerinde benden daha mutlu bir kadın olamazdı, işte bunları düşünüp yatakta keyifle kahvaltımı yaparken karşımdaki tek kişilik koltukta oturuyordu, yüzünde garip bir ifade vardı, nasıl anlatsam; hem mutlu, hem heyecanlı hem de sanki bir şeyleri benden saklar gibiydi. Ona bakarken sevinçle göz kırptım ve konuş hadi dercesine kafamı salladım, keşke hiç konuşmasaydı! 'Ben evliyim' dedi!"

Hiç yorum yapmadan onu dinliyordum, içimden gelen kahkaha atma duygusunu bastırdım ve hiç bozuntuya vermeden ifadesiz yüzümü korumaya çalıştım. Komik olan adamın evli çıkması falan değildi, anlatım tarzı ve patlıcan kızartması dediği adamın evli çıkması beni güldürmek üzereydi.

"Bir anda lokma ağzımda kaldı, bu adam evliydi ve benim bu mutluluk ile aramda başka bir kadın vardı. O kadını kısa zamanda çeşitli oyunlarla alt edebileceğimi biliyordum ve kendimden emin bir şekilde hiç ses çıkarmadan kahvaltıma devam ettim. Fakat benim ona hiçbir yanıt vermemiş olmam adamı inanılmaz derecede tedirgin etti, neden konuşmadığımı sormaya başladı..."

Tam da bu noktada hikayesine ara verip önemli bir detayı açıklamak istermiş gibi bana baktı: "Sen kadınlara sessiz kalın ve gizem yaratın derken kesinlikle haklısın çünkü bir erkeğe, özellikle de suçlu olduğu zaman, hiçbir yanıt vermediğinde adam deliriyor resmen. Ben bunu kendi gözlerimle gördüm, yarım saat odanın içinde dolaştı ve beni konuşturmaya çalıştı oysa ben sadece sucuklu yumurta yemeye devam ettim, ayrıca çok lezzetliydi!"

"Sucuk yedikten sonra adamla o sabah tekrar öpüştünüz mü?"

"Bırak şimdi dalga geçmeyi, benim o noktada artık öpüşecek bir durumum yoktu, onu cezalandırmak zorundaydım çünkü bana evli olduğunu söylemeden beni yatağa atmıştı, ayrıca bir karısı vardı ve bu kadının aramıza girmesine izin veremezdim!"

"Bir dakika senin hikayen böyle değildi" diyerek araya girdim, "Adamı sen yatağa attın ve ayrıca onun karısıyla arasına giren sensin, adamı neden suçluyorsun?"

"Ne yani bu adam masum mu şimdi?"

"Bence kimse masum değil orası ayrı, ama bir olayı anlatırken benden yorum istiyorsan sana karşı dürüst olmak zorundayım.

Ya da hiçbir şey anlatmazsın ve ben de yorum yapmamış olurum. Latincede öyle derler; bilmemek en büyük erdemdir."

"Her neyse sucuğu falan boş ver şimdi, ben adamla ilgili planları yapmaya başlamıştım, bu kadar ince ruhlu bir terazi erkeğini kaybetmek için dünyaya gelmemiştim. Ben bu savaşı kazanmak zorundaydım ve onu kendime aşık ederek karısından ayırmak için her yolu deneyecektim. Ona sıradan bir tepki gösterdim, keşke bunu bana daha önce söyleseydin falan dedim ama aynı zamanda o sabah yine deli gibi seks yaptık. Karısının ona aynı tutkuyu veremeyeceğini gayet iyi biliyordum."

"Bunu nereden biliyorsun?"

"Çünkü bana yedi senedir evli olduğunu söylemişti ve hiçbir kadın yedi sene sonra kocasında aynı tutkuyu yaratamaz!"

"Bence bazı kadınları bunun dışında tutalım, genelleme yapamazsın" dedim.

"Valla ben her şeyi yaparım güzelim" diyerek bir defa daha beni susturdu ve heyecan dolu itiraf hikayesine devam etti: "Sabah seksi de en az önceki gece kadar ateşliydi, aramızdaki ten uyumu daha ilk buluşmada böyle olduğuna göre, ilişkimizin devamında yangınlar içinde kalacağımızı anladım ve o da seks sonrası yatakta nefes nefese kalmıştı. Çok fit bir adam olmasaydı sanırım kalbi böyle bir ritmi kaldıramazdı ama düzenli spor yaptığı için, 1.80 boylarında ve 75 kilo bir adam düşün, kendine bakıyordu ve flörtöz bir erkek olduğu her halinden belliydi. O anda zihnimde bir ampül yandı, tek rakibim muhtemelen karısı olmayacaktı, benim dışımda diğer kadınların da olabileceğini o anda fark ettim."

"Çok şükür" diye mırıldandım.

"Evet bunu anladım çünkü bu adam tek bir saniyesini boşa geçirecek birisi değildi. Sürekli şık giyinerek iş yemeği adı altında kadınlarla yemek yediğine emindim, arabasını görmüştüm ve halinden, tavrından maddi durumunun gayet iyi olduğu anlaşılıyordu yani parasal anlamda hiçbir ihtiyacı yoktu, tek ihtiyacı çok sayıda kadınla seks yapmak olan sırtlan erkeklerden biriydi."

"Bunu anladığın zaman neden olay yerinden hızla uzaklaşmadın?"

"Çünkü aşık olmuştum anlıyor musun?"

"Nasıl yani?" diye sordum kendimi tutamadan, "Sen bir gece seks yaptığın adama hemen aşık olamazsın, ilişki tecrübesi olmayan bir kadın değilsin ki neden bu rahibe muhabbetlerini bana yapıyorsun anlamadım?"

"Anlamıyorsun, bu adamda aradığım tüm özellikler vardı; incelik, karizma, maddiyat, zeka, mizah anlayışı ve yatakta bir boğa gibi beni düzmüştü!"

"Yine de hemen aşık olduğuna inanmıyorum, aşk değildir o bence, hırs olabilir. Bak buna inanırım çünkü sen hırslı bir kadınsın. Buna inanmaya hazırım ama aşk deme bana, hele de bu adam evli olmasaydı bence sende aynı hırsı yaratamazdı."

"Neden öyle düşünüyorsun?"

"Çünkü sen rekabeti seversin ve onu kazanmak için elinden gelen her şeyi yaparsın, seni uzun zamandır tanıyorum, eğer bu senaryonun içerisinde başka bir kadın olmasaydı sen bu adamı elde etmeye çalışmazdın; sadece arada bir İzmir'e gittiğin zaman yatıp kalktığın bir adam olabilirdi."

Sessiz kalarak gülümsedi çünkü haklıydım.

"Kadınlar neden başkasının erkeğini almayı bu kadar sever?" diye sorduğumda bakışlarını başka tarafa çevirdi.

"Acaba annenden nefret ediyor olabilir misin?" diye üsteledim ve yüz ifadesinden anladığım kadarıyla bu soru onu fazlasıyla rahatsız etmeme neden oldu. Oturuşunu değiştirdi ve canı sıkkın halde bakışlarını yeniden bana yöneltti: "Annemi sevmediğim bir sır değil, belki daha önce bunları seninle hiç konuşmadık ama belki de doğru zaman gelmiştir."

"Evet bence de çünkü ana konu burası, sen de bunu biliyorsun."

Ne demek istediğimi anlar gibi yüzüme baktı ve ben açıklamaya başladım, "Çok sayıda kadın evli erkeklerle birlikte olur ve sonra neden hep evli adamlar karşıma çıkıyor diye düşünmeye başlar, oysa aynı adamlar başka kadınların da karşısına çıkmasına rağmen o kadınlardan yüz bulamazlar. Dolayısıyla evli erkekler karşına çıkmaz, sen onlara bir şans verirsin ve onları düzeltmeye çalışırsın yani bu tamamen senin kendi kararındır. Bunun sebebini araştırdığımızda şu sonuçla karşılaşırız; bir kadın çocukluk çağından itibaren annesinden nefret ediyorsa ve babasını annesinden kıskanıyorsa, o kadın ileride evli erkekleri hedef haline getirir çünkü sevdiği evli adamın karısını kendisine rakip görmeye bayılır."

"Yani baba sevgisi konusunda annesini rakip görmesi gibi" dedi.

Onu onayladım.

"Bilinçaltımız bizi her an, her saniye yönlendiriyor ve çoğunlukla bunun farkında bile değiliz ya da bunu kabul etmek istemiyoruz. Biz her kararı kendi irademizle ve bilinç halinde verdiğimizi sanıyoruz, oysa bilinçaltımız bize nefes aldırmaz ve oraya doldurduğumuz anılar genelde çocukluk çağından gelmektedir. Bu gerçekle yüzleştiğin zaman hayatında bazı taşlar yerine oturmaya başlar."

"Pekala ben bu adama aşık olmuştum ve yaşadığım duygunun derinliğinden emindim, yani hiçbir şüpheye yer vermeyecek şekilde bu adam hayatımın aşkı olabilirdi, bu durumda mücadele etmeye karar verdim. Sonuna kadar gidecektim ve bu adamla düzgün bir ilişki yaşadıktan sonra artık sağda solda gerçek aşkı aramaya gerek kalmayacaktı. Bunun benim hayatım için ne kadar önemli olduğunu anlıyor musun?" diye sordu.

"İş hayatında her zaman başarılı olan kadınların özel hayatlarında aynı şekilde başarılı olma konusunda ne kadar hırslı olduklarını biliyorum, ama aşk hırs meselesi değildir" diye yanıtladım.

"Neden?" diye bağırdı ve kafede yan masada oturanlar bakışlarını bize çevirdiler.

Sessizce gülümsedim ve ona sakin olmasını işaret ettim. Saatler gece yarısını gösterirken etrafımız yine de kalabalıktı, insanlar yaz gecesini yaşamak istiyorlardı. Bir süre öfkesini benden saklamaya çalıştı ve sonra sakinleşip anlatımına devam etti: "Her başarının altında biraz hırs yok mudur? Bırakıp gitmesine izin mi verseydim?"

"Mesele bu değil" diye yanıt verirken sakin ses tonumu korudum, anlamasını istiyordum ama o yine hırslarına yenik düşüyordu ve beni dikkatlice dinlemek yerine öfkeyle yanıt vermeye çalışıyordu.

"Nedir o zaman mesele?" diye sordum.

"Tüm iyi adamları başka kadınlar kapmışlar ve ben bu durumdan sıkıldım, anlıyor musun?"

Hiçbir yanıt vermedim ve bu sefer gerçekten çıldırdı. Sessizlik insanları delirtir.

"Beni anlamanı beklemiyorum, ben bu hayatı yapayalnız geçirmekten sıkıldım, param var, evim var, arabam var, her şeyim var ama her sözümü dinleyecek ve lafımdan çıkmayacak bir erkek yok. Neden bu eksik kalsın? Ben her şeyi elde edebilen bir kadınım, bunu da elde etmem çok zor olmamalı, yapmak istedim ve elimden gelen her şeyi yaptım, bana kalırsa hayatın kendisi bir savaştır, ya kazanırsın ya da kaybedersin, ben asla kaybeden bir kadın olamam!"

Sakinleşmesini beklerken ona baktım ve şöyle söyledim: "Aşkta kazanmak ya da kaybetmek gibi şeyler yoktur. Aşkı yaşarsın ve sorgulamazsın, hiçbir sonuca varmak zorunda değildir, sana verdiği keyifler yanına kar kalır. Aşka bir pasta veya heykel gibi şekil veremezsin, bunu yaptığın anda sabun köpüğü gibi avuçlarından kayıp gider."

"Onun için mi sen de yalnızsın?" dedi, öfkesini bana yansıtmaya çalışıyordu.

"Yalnız değilim, hayatımda bir kadın var" dedim sakince.

Gözlerinden alevler çıkarken bana bakıyordu, kıvılcımlarını etrafa yansıtıyordu ve bazı kadınların tüm hayatlarını hırs ile sürdürmelerine alışkındım ama yine de onu dinlemek istiyordum. Devam etmesini söyledim.

"Bir süre sadece seks için buluştuk; ya ben İzmir'e gidiyordum ya da o fırsat buldukça İstanbul'a geliyordu ama çok sık geldiğini söylemeliyim, yani adam bana gittikçe bağlanıyordu ve elbette bu durum karşılıklıydı yani ben de ona hızla bağlanıyordum. İşin kötüsü bu durum bendeki beklentiyi hızla yükseltiyordu. Onunla görüşmelerimizin sayısı arttıkça ve birlikte daha çok şey paylaştıkça adama deliler gibi bağlandım."

"Aslında uçurumun kenarına doğru hızla ilerliyordun" diye özetledim.

"Kesinlikle öyle oldu" diye mırıldandı. Onun neler yaşadığını biliyordum çünkü bu durumda olan binlerce kadın benden seans almıştı.

Sonra devam etti: "Üç aylık bir süre düşün, deliler gibi sevişiyoruz, geziyoruz, eğleniyoruz, liseli çocuklar gibi konserlere gidiyoruz, sinemaya girip gece seansında kimse yokken en arka sırada sevişiyoruz, öpüşüyoruz, heyecanı doruklarda yaşıyoruz ve ben yıllar sonra yeniden hayatta olduğumu ve yaşadığımı hissediyorum. İnanılmazdı..." Derken, aniden gözlerinden süzülen yaşlar dikkatimi çekti.

Bu satırları yazarken ben de aralara kendi itiraflarımı serpiştiriyorum, yine bir itirafta bulunmamın zamanı geldi. Bazen kadınların duygusal değişimlerinin hızına yetişemiyorum. Bir olayı anlatırken kahkahalar havada uçuşuyor ama sadece beş dakika sonra ağlamaya başlayan bir kadın, bunca yıldır onlarla çalışmama rağmen beni şaşırtmaya devam ediyor. Bir erkeğin bırakın duygusal değişimi, bir duyguya sahip olması bile büyük bir olaydır, arasında geçiş yapmak için birden fazla duyguya sahip olması bir erkek için neredeyse imkansızdır. Dolayısıyla şaşkın bir yüz ifadesiyle onu izliyordum çünkü bu hıza yetişmem mümkün değildi.

Anlatımına devam ediyordu: "Rüya gibi üç ay geçirdik, tam 90 gün boyunca bana her türlü heyecanı yaşattı ve ben sevildiğimi hissettim. Bir erkeğin beni bu kadar derinden sevmesi anlaşılır gibi değildi. Meğer ben asla sevilebileceğime inanmamışım, bir erkeğin beni böyle deliler gibi sevmesi ayaklarımın yerden kesilmesine neden oldu, uzun süre kendime gelemedim ve bu rüyanın asla sona ermeyeceğini düşündüm ya da bir sonu olacağı fikrine inanmak istemedim."

"Görmezden gelmek diyelim."

"Evet aynen öyle oldu, ben bunun böyle süreceğini sandım çünkü benim yanımda çok mutluydu ve her zaman iletişim halindeydik. Dışarıdan bakıldığı zaman, birisi bu adamın evli olduğunu söyleyemezdi. Bir erkek gece yarısı beni evinden arıyor, sabah arıyor, öğlen mesaj atıyor, akşam eve gidince yine bilgi veriyor; yani bu kadar rahat davranması zaten onun söylediklerine kolaylıkla inanmamı sağladı."

"Ne söylemişti tam olarak?"

"Karısıyla mutlu olmadığını ve benimle yaşadığı duyguyu asla başka bir kadınla yaşamadığını söylüyordu, karısından boşanamadığını çünkü çocukları küçük yaşta üzmek istemediklerini, sonra bundan dolayı pişmanlık yaşamak istemediğini sürekli tekrar ediyordu. Çocuklarını bahane etmesine kızmaya başlamıştım çünkü üç aylık sürenin sonunda bana olan ilgisi azaldı ve artık aramalar sona erdi, mesajlarıma bile adam gibi yanıt vermiyordu. Aniden kesmesini hiç beklemiyordum."

"Genelde böyle olur" diye açıkladım, "Evli erkekle ilişki yaşayan kadınlar buna çok şaşırırlar ancak hep böyle olur ve ilgi alaka aniden kesilir. Daha kadın ne olduğunu bile anlamadan adam ortadan kaybolur ve sonra yine ortaya çıkar, aylar sonra."

"Aynen böyle oldu" diyerek onayladı. "İki ay ortadan kayboldu ve sadece bir mesajla durumu açıklamaya çalıştı, işlerimde ciddi sorunlarım var bana biraz zaman vermeni istiyorum diye yazdı ama sonra hiçbir mesajıma yanıt bile vermedi. Gittikçe öfkeleniyordum ve beni öyle bir noktada bırakmıştı ki uçurumdan atsaydı daha iyi olacaktı, en azından hemen acılarımdan kurtulabilirdim. Beni heyecanın ve mutluluğun en uç noktasına kadar sürüklemiş ve sonra ortadan kaybolmuştu. Ona kaç mesaj attım ve kaç defa aradım bilmiyorum çünkü aklımı tamamen yitirmiş gibiydim, işe ruh gibi gidiyordum ve işten dönerken genelde yolu karıştırıyordum. Bazen ağlama krizlerine girip trafikte deli gibi dolaşıyordum, bastığım her yer ayaklarımın altından kayıp gidiyordu dolayısıyla yaşamak artık bana keyif vermiyordu. Bana kalırsa bir insanın elinden yaşam sevincini almak büyük bir suç olmalı, çünkü nefes alacak gücü bulamıyorsun, eve gittiğin zaman duvarlar üstüne geliyor ben de kendimi yemeğe verdim ve o dönem altı kilo aldım ki ben kiloma her zaman dikkat ederim."

"Nasıl tekrar ortaya çıktı bu sırtlan?"

"İki ay kadar süründüm ve psikolojik yardım almaya başladım, tam kendimi yeniden iyi hissetmeye başlamıştım ki hiç beklemediğim bir anda ondan mesaj geldi, hiçbir açıklama yapmadan 'özledim' yazıyordu. Hepsi bu kadar. Ulan ben iki aydır kan kusuyorum burada ve herif bana sadece özledim yazıyor, hale bakar mısın? Normal bir insan buna nasıl tepki verir; küfreder veya numarasını engeller ama ben sanki başka bir gücün etkisi altındaydım ve aynı şekilde 'özledim' yazdım, yazarken ellerim titriyordu ve telefon avucumdan düşmek üzereyken zor tuttum. Vücudumu yeniden bir heyecan dalgası kaplamıştı, nefes almakta zorlanıyordum ve o anda tüm tedavi sürecimin çöpe gittiğini anlamıştım ama önemli değildi çünkü tam iki ay sonra yeniden yaşadığımı hissediyordum! Bu nasıl bir duygu biliyor musun, yaşama isteğinin geri gelmesi ve tüm hücrelerimde hissettiğim yoğun aşk sarhoşluğu deli gibiydi, kalbime kan pompalıyordu ve dışarı çıkıp sokaklarda koşturmak istedim. Adamın ne evli olması, ne aşağılık bir yalancı olması, ne de uzun zamandır beni bırakıp gitmiş olması artık hiç önemli değildi çünkü beni seviyordu!"

Bir süre heyecanla nefes aldı ve yeniden sakinleşmeye çalıştı, bütün bunları bana anlatırken duygularını kontrol altında tutamadığı her halinden belliydi. Bir süre soluklandıktan sonra kaldığı yerden devam etti, bu arada anlatırken o günleri tekrar yaşadığını bakışlarından görebiliyordum: "Bileti nasıl aldığımı bilmiyorum, o anlar hafızamdan silinmiş ama birkaç mesajdan sonra hemen o gece sanki efsunlanmış gibi İzmir bileti aldım, ertesi sabah altıda gidiyordum. Oysa o gün, sabahtan önemli toplantılarım vardı ama etrafımda dönüp duran hiçbir şeyin önemi yoktu sadece ona kavuşmalıydım, bana yaşadığımı hissettiren ve kalbime kan pompalayan bu adam hayatımın anlamıydı. Ben onsuz kendimi eksik hissediyordum ve bu eksik parçayı bulmak hayatın özüne inmek gibiydi. Dayanamadım, bileti aldıktan sonra kendimi yağmurlu sokaklara attım, sırılsıklam koşturmaya başladım tam iki ay sonra bana mesaj atmıştı demek ki bu adam beni deliler gibi seviyordu ve hiç unutamamıştı. Onunla yaşadığımız günleri ve geceleri unutmuş olması fikri beli deli ederken, aslında bunun tamamen gerçek dışı bir kuruntu olduğunu, kendi zihnimde yarattığım anlamsız bir endişe olduğunu anlamaya başlamıştım ve böyle düşünmek, yani kafama taktığım her şeyin anlamsız birer kuruntu olduğunu fark etmek bana iyi gelmişti. Sabah altıda İzmir uçağım vardı ama ben dört, beş saat bekleyecek kadar sabırlı değildim. Eve dönüp kendi başıma dans ettim, müzik açtım komşuları rahatsız etmek pahasına kendimi kaybetmiş bir halde salonda kendime sarılıp dans ediyordum."

"Şükürler olsun Tanrım" dedim.

"Neden?" diye sordu anlamayan bakışlarını üstüme dikerek.

"Beni bir erkek olarak yarattığı için ona binlerce kez şükürler olsun" dedim.

"Evet böyle sevmek sana delice geliyor biliyorum" dedi.

"Hayır" dedim, "Sadece olduğum gibi iyiyim ve duygulara kapılmak bana göre değil."

"Ama sen benim hayatımda tanıdığım en soğukkanlı adamsın ve duygularını senin kadar kontrol altında tutabilen bir adama hiç rastlamadım" dedi, "Bir kadın böyle bir yaşamdan keyif alamaz ki."

"İnsanın hayattan keyif alacak başka şeyler bulması da güzel oluyor" dedim ama artık beni dinlemiyordu ve sanki ruhen hipnozdaymış gibi anlatımına devam etti: "Sabah erkenden taksiye atladım ve uçağa bindiğimde ayaklarım yere basmıyordu, daha uçak hareket etmeden ben uçuyordum. İzmir'de yarım kalmış büyük bir aşk beni bekliyordu, ona sarılmak, onun vücudunda eriyip gitmek istiyordum. Beni havalimanından aldığında sanki daha dün görüşmüşüz gibi davrandı. Sanki uzun süredir ortadan kaybolmuş bir adam yoktu karşımda, bana sımsıcak sarıldı ve bakışlarını bir an olsun üzerimden ayırmadı. Bana mesajda yazdığı şeyi söyledi ve bunu söylerken yüzünde kendinden emin bir ifade vardı, 'Özledim' derken bana gülümsedi ve sonra arabasında öpüşmeye başladık, bu adam delinin tekiydi ve kadınlara nasıl davranması gerektiğini çok iyi biliyordu. Bir an sonra kalacağım otele doğru gidiyorduk, o gün boyunca otelden ve hatta yataktan hiç çıkmadık. İşlerim nedeniyle telefonum sürekli çalıyordu ama umurumda bile değildi, hiçbirine yanıt vermedim. Artık başka bir denizde yüzüyordum, aşkın sımsıcak okyanusu beni kucaklıyordu. Yeniden hayata dönmüştüm ve onsuz geçen her gün anlamsızdı."

Derin bir nefes aldıktan sonra devam etti: "İzmir'de iki gün kaldım, sonra beni aniden postaladı, 'İşlerim var' diyerek yeniden havalimanına bıraktı ama ne yaparsa yapsın bu adamı sevmekten vazgeçemiyordum. Bazen bakışlarında öfke kıvılcımları olduğunu görüyordum ama bana asla antipatik gelmiyordu, onu olduğu gibi ve en şeytani halleriyle kabullenmiştim ve biliyorsun ki böyle bir ruh halindeki kadın her şeyi yapabilir, aşkı ve tutkuyu kontrol edebileceğim noktayı çoktan geçmiştim. Artık bu ikisi beni kontrol ediyordu, akışta bile değildim çünkü kendimde değildim. Ve sonra dönüşümle birlikte her şey sona erdi. Daha havalimanında telefonu açarak ona geldim diye haber vermek istediğimde, numaramı engellemiş olduğunu gördüm."

Hiç şaşırmadığımı bakışlarımdan görünce, "Evet bu adama güvenmemem gerektiğini biliyordum" dedi.

"Gerçekten mi?" diye sordum alaylı bir ifadeyle.

"Evet insan biliyor ama sevince yapamıyor. Bir kadının aşık olması gerçekten tehlikeli bir şey buna engel olunması lazım. Aşk kadınlara yasaklanmalı" dedi.

"Fakat aşkın hakkını sadece kadınlar verebilir, yani kimse onları sevmekten alıkoyamaz" diye yanıtladım.

"İyi de aşık olunca sapıtıyoruz, aklımızı kaybediyoruz ve her şey tuzla buz oluyor" dedi.

"Eğer aşkı sadece erkeklerin eline bırakırsan bu kadar yüce bir duyguya haksızlık etmiş olursun" dedim, "Erkekler aşkı yaşadıklarını düşünürler ama kadınlar aşkı gerçekten yaşarlar. Sonra neler oldu anlatsana?"

"Numaramı engellemişti ve ben bu şoku atlattıktan sonra benimle boşanma seksi yaptığını anladım."

"Ne demek şimdi bu?"

"Erkeklerin verdiği isim bu, bir arkadaşımdan duymuştum, boşanmadan önce karısıyla son defa seks yapıyor ve buna boşanma seksi diyorlar."

"Hayır yanlış duymuşsun, yani böyle bir tabir var ama anlamı bu değil. Boşanma seksi şudur; boşanma gerçekleştikten sonra bunun verdiği ruh halinden hemen çıkabilmek adına başka bir kadınla seks yaparsın ve eğer bunu boşandığın gece yaparsan, buna boşanma seksi denir."

"Siz erkeklerin dünyası ne kadar karmaşık" dedi.

"Hayır bence çok basit ve kadınlara kıyasla son derece sığ bir hayal dünyamız olduğunu düşünüyorum, oysa kadınlar tüm detayları binlerce defa akıllandıran geçirip hesaplamaya çalışırlar, asıl böyle bir hayat oldukça karmaşık olmalı" diye yanıtladım.

Sonra anlatmaya devam etti: "Bu adam beni hayatından, duygularından, kalbinden, yatağından ve tüm düşüncelerinden engellemişti. Ben böyle bir durumu daha önce hiç yaşamadığım ve karşıma çıkan her adamı bir süre sonra peşimde köpek etmiş olduğum için ilk başta bu manzarayı kabullenmek istemedim. Üstelik sadece iki gün boyunca hayata dönmüş ve sonra aniden ilaçlarını kaybetmiş bir hasta gibiydim. WhatsApp resminin griye döndüğünü gördüğüm bu adam, benimle resmen dalga geçiyordu ve o anda aşka çok benzer bir duygu ruhumu ele geçirmeye başladı."

"İntikam" diye mırıldandım.

"Kesinlikle buydu! İntikam almalıydım çünkü bana bunu yapamazdı. Ben böyle bir davranışa karşı sessiz kalacak bir kadın değildim, dolayısıyla hemen bir cevap vermek zorundaydım. Onun deliler gibi acı çektiğini görmek istedim! Eve gittim ve ılık bir duş aldıktan sonra kafamda her şey netleşmişti. Onun karısına ulaşmalıydım ve bunun pek de zor olmayacağını biliyordum. Birkaç telefon ettikten sonra bu aşağılık adamın karısının telefon numarası elimdeydi. Yıllarca iş hayatımda edindiğim çevre, bu numarayı ve daha fazlasını bulmam için fazlasıyla yeterliydi, üstelik bu görüşmeleri yaparken aşktan daha tatlı gelen bir duygu kalbimi ele geçirmişti; intikam. Hani acı, yerini bir süre sonra zevk duygusuna bırakır ya, ben de intikam duygusunun ateşinde yanmaya başlamıştım. Adamın iki ay boyunca ortadan kaybolması bende intikam duygusu yaratmamıştı çünkü onun bu sessizliğinin içinde gizli saklı bir umut olduğunu biliyordum, her an yeniden ortaya çıkabilirdi fakat beni engellemiş olması artık içinde hiçbir umut taşımıyordu, her şey kristal berrak halinde önümdeydi, savaş çığlıkları atıyordum."

Hiç kesmeden devam etti: "Kadının her şeyi anlamış olma ihtimalini ve dolayısıyla benim cep numarama ulaşmış olduğunu düşündüm. Dolayısıyla ofise gittim ve sekreterimin cep numarasından aradım. Cevap vermedi. Israr etmedim ve bir daha aramadım, mutlaka bir dönüş yapacaktı. O gün damarlarımdaki kan keyifle akıyordu meğerse intikam insana yaşam sevinci veren şeylerin başında geliyormuş. Ben bu deneyimde bir şeyi daha öğrenmiş oldum; aşk hızla intikama dönüyorsa bunun nedeni her ikisinin de çok güçlü duygular olmasıymış. Aşk daha güçlü bir duygu sanırdım ama artık bu konuda pek emin değilim. O akşam eve gittiğimde kendime muazzam bir yemek hazırladım, daha iyisi olamazdı. Bir an düşündüm ve beni bu kadar keyiflendiren şeyin ne olduğunu anlamaya çalıştım; acaba delirmiş olabilir miydim? Normalde canım sıkkın olmalıydı ve böyle durumlarda her zaman dışarıdan yemek söylerdim, sadece keyifli olduğumda evimin mutfağına girip yemek yapardım dolayısıyla bir şeyler yanlış gidiyordu, bunu anlamaya çalıştım. Sonra oturup iki kadeh içince beni motive eden şeyin ne olduğunu anladım; karısıyla konuşma sahnemi kafamda sürekli yaşıyordum. Bu pislik sırtlanın karısıyla telefonda görüşüp arkasından ne işler çevirdiğini kadına anlattıktan sonra yine bana keyif veren bir başka sahne gözümün önünden gitmiyordu; kadının eşyalarını alıp evi terk etme sahnesi. Aşağılık bir erkeğin toplumda yalnızlığa terk edilmesi bence önemliydi, kim bilir bana yaşattığı bu duyguları daha önce kaç kadına yaşatmıştı? İnsanların duygularıyla bu şekilde oynamak ve onları uçurumun kenarından bir boşluğa bırakmak asla cezasız kalamazdı ve ben burada üstüme düşeni yapacaktım."

Bir süre nefes aldı ve sonra devam etti: "Beni cezbeden bir duygu daha vardı, kendimi yeniden güçlü bir kadın gibi hissedecektim çünkü bu adamın beni mal gibi ortada bırakması ve dalga geçer gibi numaramı ben uçaktayken engellemiş olması bana kendimi çok zayıf ve zavallı hissettirmişti, işte bu duygudan kurtulmak zorundaydım. Kafamda tüm planı gözden geçiriyordum, karısıyla konuştuktan sonra mesajlaşmalarımızın ekran görüntülerini ona gönderecektim, hatta biraz düşününce konuşma sırasında hepsini gönderme fikri bana daha zekice göründü ve en can alıcı seks kokan mesajların ekran görüntülerini almaya başladım. Bunu yaparken keyfim iyice yerine geldi ve acıktığımı hissettim. Hemen kalkıp masaya oturdum ve uzun zamandır yemediğim kadar keyifli bir yemek yedim üstelik tek başımaydım ama aslında değildim, bana kalırsa masada tam karşımda ruhumun karanlık ve şeytani yüzü oturuyordu. Karşılıklı kadeh kaldırıp harika bir yemek yedik. Hemen ertesi sabah karısını tekrar aramaya karar verdim. Daha fazla beklememe gerek yoktu."

"Aradım, aradım ve aradım. Asla cevap vermiyordu. Bunda garip bir şey vardı çünkü bu kadın telefonuna asla yanıt vermiyor olamazdı. Bana bu numarayı bulan insanlardan tekrar araştırma yapmalarını istedim, ama bana yine aynı numarayı gönderdiler. Dolayısıyla kadının telefon numarasında hiçbir yanlışlık yoktu, sadece telefonlarına bakmıyordu. Bunun üzerine ona bir mesaj göndermeye karar verdim ve kocanızla ilgili önemli bir mesele için sizinle görüşmek istiyorum diye yazdım. Beş dakika geçmeden beni aradı, gayet sakin bir ses tonuyla *dinliyorum* dedi. Ben hazırlıklıydım ve kafamda sıraya dizdiğim bütün cümleleri ona sıraladım hatta anlatırken o kadar keyifliydim ki arada kahkaha atıyordum, sonunda kadına ulaşabilmiştim. Sözlerimi bitirdiğimde bir cevap vermesini bekledim ama kadından hiçbir ses çıkmadı, üstelik telefonun diğer ucunda olduğunu duyabiliyordum çünkü aldığı nefesin sesi bana kadar geliyordu. 'Orada mısınız?' diye sorduğumda belli belirsiz gülümsediğini hissettim ve bana şunları söyledi: *Bak canım, ben senin gibi fahişeleri bilirim, kocamla yatıp kalkmayı seversiniz. Kocam da senin gibi kadınların yatakta hakkını verir, bu konuda fazlasıyla yeteneklidir. Senin numaranı engellediğinden falan haberim var, hepsini bana itiraf etmek zorunda kaldı çünkü yine bir haltlar çevirdiğini biliyordum. Bu adam aşağılık bir erkek olabilir ama unutma ki o benim erkeğim. Onu nasıl yöneteceğimi gayet iyi biliyorum ve o bensiz bir hiçtir. Tuvaletin yerini bile bulamaz, altına yapar! Bu aramanı bir salaklık olarak kabul ediyorum, çünkü sen böyle bir adamın karısından boşanacağına inandığına göre salak bir kadınsın, ama eğer tekrar herhangi bir kanaldan bana ulaşmaya kalkarsan bunu bir taciz olarak görürüm ve seni avukatlarıma veririm. Onlar da savcılığa gönderirler ve asla şikayetimi geri almam! Beni anlıyor musun seni ufak fahişe! Bundan sonra evli erkeklerden uzak durmayı öğrenirsin belki, bu da sana bir ders olsun seni salak karı...*"

Anlatırken aniden durup yutkundu ve sonra kısık sesle devam etti: "Kadının sözleri birer yumruk gibiydi ve cevap bile vermeme müsaade etmeden telefonu yüzüme kapattı. Ben kendimi şeytan sanırken bu kadın şeytanın avukatı çıkmıştı. İnanılmaz halsiz düştüm ve aniden yere yığıldım. Sekreterim gelip bileklerime falan kolonya sürmeye başladı, ben böyle bir şeyi hesap etmemiştim, üstelik bu görüşmeyi yapmadan önce zihnimde her şeyi planladığımdan neredeyse emindim. Bu durum hiç beklemediğim bir şeydi ve artık öncesinden çok daha berbat hissediyordum. Tahmin ettiğimden çok daha büyük bir çukurun içine düştüğümü o anda fark ettim. Bu kadın kocasının ne mal olduğunu gayet iyi biliyordu ve onu olduğu gibi kabul etmişti. Sen böyle durumlarla karşılaştın mı?" diye bana sordu.

"Hayır" dedim, "Genelde aldatma vakalarında kadınlar kocalarına pek sahip çıkmazlar ve bu şekilde dışarıdan gelen telefonlarla kocasından hemen boşanan kadınların sayısı oldukça fazladır ama sen çetin cevize denk gelmişsin. Nadir bir durum olduğunu söyleyebilirim, normalde kadının seninle dert ortağı olması gerekirdi..."

"Pek öyle olmadı" dedi, "Ben intikam duygularımla kalakaldım ve üstelik konuşmamız esnasında şunu fark etmemi sağlamıştı, eğer onları, yani kadını veya kocasını rahatsız etmeye devam edersem topuyla tüfeğiyle üzerime gelmeye hazırdı. Kadın kocasından çok daha baskın bir karakterde olduğu için şakası yok gibiydi. Sonra hayatımın en zor dönemi başladı, hasetle ve kıskançlıkla yaşamaya başladım. Her sabah yataktan haset duygusuyla kalkıyorum ve her gece yatağa aynı yoğun haset duygusuyla giriyorum. Bundan bir türlü kurtulamıyorum, çünkü sürekli birlikte geçirdiğimiz mutlu anlar aklıma geliyor ve bunları bir başka kadınla yaşıyor olması beni deli ediyor. Hayatıma yeni bir renk getirmek için her şeyi denedim ama bu duygudan asla kurtulamadım."

Bu itirafı yayımlamak istediğimi ona söyledim ve onay yazısını imzalı olarak alırken kendini nasıl hissettiğini sordum, bana şöyle yanıt verdi: ***"Rahatladığımı itiraf etmeliyim, çünkü sen bana bu durumu yaşayan çok sayıda kadın olduğunu söyledin. Berbat bir durumu yaşarken yalnız hissetmek çok kötü ama madem evli sırtlan vakası herkesin başına geliyor, bunun bana bir miktar moral verdiğini itiraf etmeliyim. Kendimi çaresiz ve zavallı hissetmekten gerçekten yorulmuştum. Bu konuya daha fazla takılmadan ve bir saplantı haline getirmeden hayatıma devam etmek istiyorum."***

11

Onları öldürmek bana keyif verdi...

"Dün gece bir sinekle konuşuyordum..."

İlk romanım *Gecede Saklı Yalnız Aşklar* bir mektupla başlar ve ilk satırında bunlar yazar. İnsan bazen o kadar yalnız ve çaresiz hisseder ki bir sinekle sabaha kadar sohbet edebilir. Yalnızlık dipsiz bir kuyu gibidir fakat aynı zamanda insanın kendi ruhuyla hesaplaşması anlamına gelir.

Roma gecelerinde 72 saat içinde olan biten olayları anlatan bu romanda, arka fonda üç senemi geçirdiğim Tiburtina manzaralı terasım vardı, özellikle mayıs ve haziran gecelerinde bu terasta düzenlediğimiz partiler ünlüydü.Biz diyorum çünkü ev arkadaşlarımdan Francesco bu partilerin mimarıydı. Adamın kendine has bir yaratıcı zekası vardı ve partilerde Roma'nın en sıra dışı simalarıyla tanışmamı sağlıyordu, davet ettiği isimler arasında hem sirk cambazları hem de akademisyenler yer alırdı, o dönemlerde çok sayıda savcı ve hakim ile tanışma fırsatım olmuştu, İtalyan hukuk dünyasının önde gelen isimleri ile yakın temastaydım.

Aslında bu hayat deneyiminde, küçük yaşlardan itibaren çevremde hukukçular olmuştu. Rahmetli dayım ünlü bir avukattı, hani adamı ipten alır dedikleri türden bir avukat olduğu bilinirdi. Benim de bir avukat olmamı istiyordu ancak bu konuda ısrar edebilecek kadar uzun yaşamadı, çok genç yaşta uzaklara gitti.

Sanırım 2006 senesiydi, Roma'da yaşıyordum ve oturduğum evin teras katında bir haziran gecesi Francesco ile sohbet ederken yine bir parti düzenlemek istediğinden bahsetti ama bu defa gazetecileri davet etmek istiyordu; "Onlarda çok fazla hikâye vardır" dedi.

"Hikâye ne yapacaksın, sen bir tango dans hocası olduğuna göre ne işine yarayacak anlamadım" dedim.

Arada felsefe yapmayı severdi, yine öyle bir anında yakalamış olmalıydım ki Roma gecesini izlerken bakışlarını bana çevirmeden şunları söyledi: "Hayat, kısa hikâyelerden oluşan bir roman gibidir, eğer bir hikayen yoksa hayatının hiçbir anlamı yoktur."

"Benim yeterince hikâyem var Fra" dedim, "Yine de bence iyi fikir, gazetecileri tanımak kimseye zarar vermez, belki aralarında ilginç bir tipe rastlarız."

Haklıydım çünkü daha önce verdiği partilerde çok ilginç insanlarla tanışmış olmama rağmen hiçbirisi benim hayatımda iz bırakmamıştı. Oysa bu partide tanıştığım bir adam, o tanışmadan tam 15 yıl sonra bu satırları yazmamın nedenidir.

Bu bölümde bir itiraf hikâyesinin ötesinde bir cinayet hikâyesini yazıyorum çünkü insan ruhu aldatma hikayelerinden ibaret değildir ve maalesef siyahın daha koyu tonlarını içinde saklar.

Bu noktada ufak bir parantez açarak beni gerçekten şaşırtmış bir olayı aktarmak istiyorum; *Şeytan Tüyü* romanında insan ruhunun en karanlık köşelerini *Mert Atalay* karakteriyle okurlara sundum. Roman hem ses getirdi hem de okurun ilgisini çekti. Öte yandan hiç beklemediğim bazı tepkilerle karşılaştım, çünkü bu romanın başrolünde kötü bir adam vardı yani bir *anti kahraman*. Beni tanıyan ya da uzaktan izlerken tanıdığını düşünen bazı insanlar, neden bu kadar kötü bir karakteri yazdığımı sordular. Bunlardan bir tanesi de yakın dostum olarak gördüğüm bir hukuk adamıydı, bana romanı okuduğu zaman bu karakterin ruhundaki kötülükten iğrendiğini söyledi ve neden böyle kötü bir adamı yazmak istediğimi sordu.

Sanırım kötülerin şeytani yüzünü yazacak cesaret kimsede yok ya da suya sabuna dokunmak istemiyorlar; oysa insanlık tarihinde etkileyici olan iyilik değildir, tam aksine kötülük daha çekicidir. Açıkçası tarih boyunca insanların kardeşliğinden bahsedilmesini biraz naif bulurum çünkü tarihte barış diye bir şey yoktur, insanın içinde her zaman şiddet ve vahşet vardır. Dolayısıyla bunu görmezden gelmek kimseye fayda getirmez, *barış ve huzur bile sadece savaşarak kazanılabilir...*

Bu bölümde bir vahşet hikâyesiyle kanlı bir itirafı yazmak zorundaydım, çünkü bu kitabı belki de yüzlerce yıl sonra okuyacak bir canlı türü insanlığın hangi aşamalardan geçtiğini bilmelidir. Roma'daki bir partide tanıştığımız gazeteci Piero (elbette gerçek ismi bu değil) beni bir vahşet hikâyesine nasıl götürdü, orası ayrı bir hikâye.

Francesco yine çılgın bir parti düzenlemişti, Roma'da kaldığımız evin şehir manzarasına açılan terasında 2006 senesi Haziran ayının sonlarına doğru bir akşam, yaklaşık otuz kişiden oluşan davetli listemiz partiye eksiksiz katılım göstermişti. Aynı zamanda bu evde Francesco ve benim dışımda kalan üç kız arkadaşımız vardı, beş odalı evde herkes bir odayı kiralamıştı ve hayat bizi bir araya getirmişti. İtiraf etmeliyim ki o evde o insanlarla geçirdiğim günleri asla unutamıyorum, çünkü tadı damağımda kaldı diyebilirim, hayatımın güzel bir dönemiydi.

O partide Francesco beni *Corriere della Sera* gazetesinin Roma ofisinde çalışan Piero ile tanıştırdı. Daha ilk bakışta enteresan bir adamdı, etrafa sürekli gözlerini kısarak ve sanki yeni bir şeyler keşfetmek istermiş gibi bakıyordu, meraklı biri olduğu belliydi ve sanırım mesleğinin ilk şartı da meraklı olmasıydı. Piero ile sohbet ederken yaşının 42 olduğunu söyledi ama yaşını kesinlikle göstermiyordu, bana yoğun spor yaptığını söyledi ve kadınlardan uzak durduğunu da ekledi. "Neden?" diye sorduğumda, kadınlar erken yaşlanmanın en büyük sebebidir dedi, hep beraber gülmeye başladık.

Francesco aynı fikirde olmadığını çünkü kadınlar olmadan hayatın anlamsız olacağını söyledi, ben de onunla aynı fikirdeydim, dolayısıyla Piero bu fikrinde yalnız kaldı ama ikimiz de aslında onun haklı olduğunu biliyorduk. Kadınlar konusunda tecrübeli bir adam olmadığını anlamıştım, çünkü tecrübeli bir adam kadınların erken yaşlanmaya neden olduklarını asla söylemez.

Biraz gözlemledikten sonra bu adamın zaafını anlamaya çalıştım ve nedense onda ilgimi çekecek bir hikâye olabileceğini hissettim. Kesinlikle özünde iyi biriydi, sadece hikâye toplamayı ve bomba haber yapmayı seviyordu dolayısıyla ona sordum: "Kadınları bir kenara bırakacak olursak, sen hangi tip haberlerle uğraşıyorsun ve neyin peşindesin?"

"Her gazeteci hayatının haberini yapmanın peşindedir" dedi.

"Öyle bir haber var mıdır?" diye sordum.

"Olduğunu düşünür ve sonuna kadar o haberin peşinde koşarsın" dedi.

"Bu durumda sen nasıl bir haber bulmak istiyorsun, siyasi yolsuzluk falan mı?"

"Hayır ben insan ruhunun karanlık yüzüyle ilgileniyorum" dedi.

O anda bu adamla tanışmamın bir tesadüf olmadığını anladım çünkü en büyük ilgi alanım olan insan ruhu ve spiritüalizm onun da ilgisini çekiyordu. Bu konularda sohbet etmeye başladık ve bazı cinayet hikâyelerini kaleme aldığını söyledi. Özellikle bir katil ile röportaj yapmak için uğraşıyordu, üstelik bahsettiği katil sadece birkaç hafta sonra 21 senelik cezasının ardından hapisten çıkacaktı. O adamla röportaj yapması demek, Piero'nun aradığı bomba haber anlamına geliyordu. Bu gizemli katil hapisteyken kendisine gelen tüm röportaj tekliflerini geri çevirmişti ve hapisten çıkmasına sayılı günler kala tüm gazeteciler o adamın peşindeydiler. Piero anlattıkça konu daha fazla ilgimi çekmeye başladı ama yine de aklımdakini ona sormak istedim, "İtalya'da her sene yüzlerce cinayet işleniyor, bu adamın ilginç olan tarafı nedir?"

Gülümsedi ve kısa bir yanıt verdi: "Yüz ifadesi".

Anlamadığımı gösteren bir jest yapınca açıklamaya çalıştı: "Bu adamda bırak bir insanı öldürecek, park cezası alacak bir surat ifadesi bile yok. Ona medyada bir isim taktılar ; *Melek Yüzlü Şeytan*. Bence bu ismi kesinlikle hak ediyor."

"Gerçek ismi nedir?" diye sordum, merakımı yeterince cezbetmişti.

"Mario Cavanni" diye yanıtladı. (Elbette gerçek ismi bu değildi.)

"Merak etmekte haklısın" dedi, "Üstelik hikâyesi daha enteresan, hiçbir suç işlememiş bir adam, en ufak bir sabıkası bile yokken sokakta tartıştığı bir adamı ve karısını öldürüyor, inanabiliyor musun? Kan dondurucu bir olay ve akşam saatlerinde etrafta başka insanlar varken son derece soğukkanlı bir şekilde yapıyor bunu, gözünü bile kırpmadan."

Aklıma gelen bir romanı söyledim; "Truman Capote *Soğukkanlılıkla* romanında olduğu gibi" dedim. "İnsan aniden şeytani bir dürtünün etkisi altına girebilir ve bir anlık ruhsal değişimle her şeyi yapabilir, bunun çok sayıda örneği var."

"Evet ama o roman gerçek bir olaydan uyarlandı ve o cinayetleri işleyen adamların sayfalar dolusu sabıkaları vardı; oysa bahsettiğim Mario Cavanni hiçbir suç işlememiş bir adam. Nasıl oluyor da iki insanı sokakta ufak bir tartışmanın ardından birkaç bıçak darbesiyle öldürebiliyor? Bu adam gerçek bir ruhsal dönüşüm yaşamış olmalı" dedi.

Bir an düşündükten sonra "Peki ne zaman bu adamla röportajı yapıyorsun?" diye sordum ve ekledim, "Ona etkili sorular soracağına eminim, şimdiden bu röportajı iple çekiyorum, bakalım neler çıkaracaksın ortaya?"

Sonra başka konulara geçtik ama ben bu melek yüzlü şeytanı unutmadım. Aslında itiraf ediyorum ki başka konuları konuşurken bile aklımda bu vardı. Parti sabaha karşı bitip herkes ayrıldığında, terasta bir çöp yığını vardı ama benim bunları temizlemek için hiç acelem yoktu, ertesi gün cumartesi olduğuna göre çöpleri temizlemek için fazlasıyla vaktim olacaktı. Francesco yine çok içip kafayı bulmuştu, dolayısıyla onu kızlarla birlikte odasına taşıdık, üstümüze kusmadığı için şanslıydık diyelim. Alkolü içemeyen adamların ısrarla alkol içmeye devam etmelerini anlamıyorum.

Kızlar kendi odalarına çekilmeden önce son defa evin içinde birlikte tur attık, bu tip partiler düzenlediğimiz zaman gecenin sonunda sağda solda düşüp bayılmış bazı baygın parti çocukları oluyordu, evde kimsenin kalmadığından emin olduğumuz zaman kızlar odalarına çekildiler. Ben de odama geçip bilgisayarımı açtım, elbette ilk olarak Piero'nun bahsettiği melek yüzlü şeytanın kim olduğuna bakmak istedim, Google'da ismini yazdığımda karşıma çıkan resim kanımı dondurdu desem yalan olmaz çünkü bu adam yeryüzüne inmiş bir melek kadar temizdi. Fazla detay vermeden şöyle tarif edebilirim, sarışın, renkli gözlü ve kesinlikle bebek yüzlü, üstelik tüm resimlerinde belli belirsiz gülümsüyordu. Mahkeme ifadelerine kadar okumaya başladım ve iki detay bilgi dikkatimi çekti; öncelikle bu adam suçunu kesinlikle kabul ediyordu, ikinci nokta ise cinayetleri işlerken yanında kız arkadaşı da vardı. Aslında cinayetler, onun kız arkadaşının maktül adamın karısıyla kavga etmesinden dolayı gerçekleşmişti. Okudukça olay bana daha da enteresan gelmeye başladı, o zamanlar Roma'da Birleşmiş Milletler Merkez Ofisi'nde çalışıyordum ve geniş bir çevrem vardı ama kimse bana bu tip olaylardan bahsetmezdi. Bir gazeteciyle tanışınca hayatın farklı bir yüzü ile karşı karşıya gelmiştim. O gece bu katille ilgili haberleri okurken sadece iki hafta sonra çıkacağını öğrendim, dolayısıyla Piero bomba haber peşinde koşmakta haklıydı.

Bu arada haftalar geçti ve ben rutin hayatıma devam ediyordum, parti gecesi Piero'nun telefonunu aldığım için bir akşam onu aradım ve röportaj konusunu sordum, bunu duyunca şaşırdı, "Bence sen bir gazeteci olmalıymışsın, ben çoktan unuttuğunu sanmıştım" dedi. "Görüyorum ki bu profil senin de fazlasıyla ilgini çekmiş. Aslında haklısın, onun resmini gördün değil mi?" diye sordu.

"Evet gördüm ve bu adamın soğukkanlılıkla cinayet işlemesi kan dondurucu bir olay, ne durumdasın onunla görüşmeni sağlayacak bir kanal bulabildin mi?" diye sordum.

"Henüz değil ve bu hafta cuma günü çıkıyor. Neyse ki medyada kimseyi kabul etmediğini öğrendim en azından bu durum biraz rahatlatıcı oldu, bu haberi kimseye kaptırmak istemiyorum" dedi.

"İyi de başkalarından sana ne? Sen mutlaka bir kanal bulmalısın dostum" dedim.

Benim bu ısrarcı tavrım onu şaşırtmış olmalıydı çünkü bana ne oluyordu? Onun işine burnumu soktuğum için kızmasını beklerken öyle bir tepki vermedi ve beni şaşırtan bir soru yöneltti: "Sen bu konuda yardımcı olabilir misin?"

"Ne anlamda?" diye sordum şaşkınlıkla, neticede ben gazeteci değildim.

"Sen Birleşmiş Milletler'de çalışıyorsun, belki ona ulaşabilecek insanları tanıyorsundur!"

"Bu adam uzun zamandır içerideydi, buradaki insanlarla nasıl bir kanalı olabilir bilemiyorum" dedim, sonra aniden gelen bir dürtüyle sordum: "Bu adam nereli tam olarak, yani İtalya'nın hangi bölgesinden?"

"Bu adamın annesi Cenovalı ve kendisi de Cenova doğumlu" dedi.

Yine aynı dürtüyle sordum: "Peki ya babası nereli?"

"Öğrendiğim kadarıyla bu adamın babası Arnavut asıllı" dedi.

O anda yutkundum, çünkü hem çok sayıda Arnavut arkadaşım vardı hem de Birleşmiş Milletler'de tanıdığım Arnavutlar vardı. Bir ampül yandı ancak ona belli etmedim ve hiç çaktırmadan "Pekala" dedim.

"Eğer bir kanal bulursam sana mutlaka haber veririm, biraz araştırmam için bana zaman ver."

Ertesi gün ofisteki Arnavut arkadaşlarına durumu açıkladım ve bu adama ulaşmak istediğimi söyledim, nedenini anlamadılar ve böyle işlerden uzak durmam gerektiğini söylediler çünkü İtalya'da güzel bir söz vardı;

"Asla bir Arnavut ile düşman olma."

Sonuna kadar giden bir milletten bahsediyorlardı, hiç şakası olmayan ve öfkesiyle ünlü insanlardı Arnavutlar. Bunu daha öncesinde de duymuştum, dolayısıyla kesinlikle haklı olduklarını biliyordum ancak bizim tek amacımız bir röportaj yapmaktı ve eğer bunu ayarlayabilirsem Piero bu adama sorularını yöneltirken ben de orada olacaktım, bu fırsatı kaçıramazdım. Sonuçta ofisteki arkadaşlarımdan bir şey çıkmadı.

Düşünürken Milano'dan tanıdığım bir Arnavut arkadaşım aklıma geldi, yeraltı dünyasında tanınan bir adamdı ama ne işler çevirdiğini tam olarak bilmiyordum, onu aramayı düşündüm. Belki de altı aydır hiç görüşmemiştik, tereddüt etmeden aradım ve geç saat olmasına rağmen hemen cevap verdi: "Vay be şu hayata bak bizi kimler ararmış" diyerek telefonu açtı. "Nerelerdesin sen be adam?"

"İyiyim dostum, Roma'da takılıyorum bürokrasi işleri, sende ne var ne yok?"

"Sen bir şey istemek için aramazsın, seni tanırım" dedi gülerek, "Yoksa başın belada falan mı? Hemen söyle hallederiz."

"Yok öyle bir şey değil ama haklısın senden bir konuda yardım istiyorum."

"Sadece ne olduğunu söylemen yeterli" dedi sakin bir ses tonuyla.

Ona durumu anlattığımda şaşırdı ve Mario Cavanni'yi tanımadığını söyledi, sonra ekledi: "Genelde biz bu tip münferit suç işleyen tipleri tanımayız ancak eğer bu adama ulaşmak ve bir röportaj yapmak istiyorsan o kadar da zor olmamalı. Bu hafta dışarı çıkacaksa sana en geç haftaya pazartesi bir dönüş yapmış olurum."

Ona teşekkür ettim ve biraz geyik muhabbetinin ardından telefonu kapadık. Biz görüşmemizi o hafta salı gecesi yapmıştık ve Mario Cavanni aynı hafta cuma günü sabah saatlerinde hapisten çıkacaktı, tam 21 sene sonra. Sonraki hafta pazartesi günü arkadaşımdan haber beklerken beni sadece üç gün sonra cuma gecesi aradı ve şunları söyledi: "Adamınız bugün çıkmış, haftaya çarşamba akşamı sizi Cenova'da evinde bekliyor. Gazeteciyle birlikte gidersiniz, yanınıza bir adamımı da veriyorum, Mario sadece seni ve gazeteciyi kabul etmedi. Anlıyor musun?"

Ne diyeceğimi bilemedim, çok hızlı sonuç almıştı, ben teşekkür ederken şunları söyledi: "Bu adam size sadece iki saat ayıracak, dönüşte Milano'ya geliyorsunuz ve birlikte yemek yeriz. Onun zırvalarını bana anlatmazsın umarım, biraz sohbet ederiz hepsi bu."

"Harika olur dostum" dedim ve telefonu kapadık. Bu haberi Piero'ya nasıl vereceğimi bilmiyordum çünkü muhtemelen bana inanmayacaktı. Tahmin ettiğim gibi oldu ve telefonda haberi ona ilettiğimde bir süre dalga geçtiğimi sandı ama sonra işin ciddiyetini anlayınca "Sen bunu nasıl ayarladın?" diye sordu.

Coca Cola formülünü ona verecek değildim ve sadece "Şanslı günümdeyim" diye yanıt verdim, "Bu durumda sen de öylesin, gidip şu işi halledelim."

Röportaj öncesi sadece beş günümüz vardı, pazar günü Piero ile bir araya gelmeye karar verdik, soruları konuşacaktık, benim de fikirlerimi almak istiyordu ve sanırım bunu nasıl ayarladığıma dair oldukça meraklıydı. Yine aynı cevapları verdim ve sorularını geçiştirdim, "Üzümünü ye bağını sorma" dedim. İstediği bu değil miydi?

"Bu adamın evine gitme konusunda istekli misin?" dedi, "Nasıl biri olduğunu bilmiyoruz."

"Aslında biliyoruz" diye yanıtladım. "İki insanı sokak ortasında öldürmüş bir adam, ama merak etme bize bir arkadaş eşlik edecek, yalnız gitmiyoruz."

"O kim?" diye sordu merakla, olan biteni anlamaya çalışıyordu ve bu konuda haksız değildi. Bir gazeteci eğer etrafında olan biten her şeyden şüphe duymazsa, bence gazeteci değildir ve Piero'nun zihninde bana yönelik bazı şüphelerin oluşmaya başladığını hissettim. Bunu gülerek ona söylediğimde şöyle yanıt verdi: "Ben Adalet Bakanlığı dahil her kanaldan bu adamla röportaj ayarlamaya çalıştım, hatta onun lise yıllarından arkadaşı olan bir adam buldum, bahsettiğim kişi hapiste olduğu süre boyunca onu defalarca ziyaret etmiş ama Mario denediğim her kanaldan bana şu yanıtı gönderdi; 'Canımı sıkmasınlar...' "

Bana bakıp açıklamasına devam etti: "Dolayısıyla neden merak ettiğimi anlarsın, bu adamın hapisten çıktıktan sadece beş gün sonra benimle röportaj yapmayı kabul etmesi pek normal bir durum değil, ben de nasıl bir olayın içinde olduğumu anlamaya çalışıyorum, hepsi bu."

"Bak" dedim gözlerinin içine bakarak, "Ben sadece sana yardımcı olmaya çalışıyorum ve aynı zamanda bu adamın senin sorularına nasıl yanıtlar vereceğini merak ediyorum, gidip işimizi yapalım ne dersin? Sana temin ederim ki endişe edeceğin hiçbir şey yok, bu arada sana söylemeyi unutmuş olabilirim, sorularına yanıt almak için sadece iki saatimiz olacak, sonra Milano'da bir yemeğe davetliyiz ve istemezsen o yemeğe katılmak zorunda değilsin."

"Bahse girerim o yemek bu görüşmeyi ayarlayan adamla olacak" dedi, "Bu durumda o yemeği asla kaçıramam çünkü böyle bir kanal ile tanışmak harika olur."

"Nasıl istersen" dedim, "Orası tamamen sana kalmış, kimse seni zorlamıyor hatta eğer kendini rahat hissetmiyorsan bu röportaj olayını da hemen iptal edebilirim ama bilirsin hayatta bazı fırsatlar insanın ayağına sadece bir kez gelir. Ben bunu kaçıracağını hiç düşünmedim, ne dersin?"

Gülümseyerek "Gidiyoruz" dedi, "Sana sorularımı okuyorum ve hepsiyle ilgili yorumlarını yapmanı istiyorum."

Az sonra okuyacağınız satırlarda bolca kan ve şiddet olacak, hani filmlerden önce +18 uyarısı gibi düşünebilirsiniz. Bu kitapta yer alan tüm itiraflar 40 yaş üstü insanlara ait ama özellikle bu bölümdeki itirafların kalp hastaları veya sıradan hayatlardan gelen insanlar için kan donduran özellikler taşıdığını düşünüyorum, dolayısıyla kendimce uyarımı yapıyorum. Bu bölümü direk geçerek kitabın son bölümünü okuyabilirsiniz ya da katil Mario Cavanni'nin (elbette gerçek ismi bu değildi) anlattığı sahnelerin kendi zihninizde yarattığı izlenimleri derin bir nefesle içinize çekebilirsiniz.

Ben tam olarak hangi tarafta durduğumu şöyle tarif edebilirim; bence hayat anlardan ibarettir ve her şey tek bir an içinde değişebilir. "Ben şiddete karşıyım" diyen bir insan hayatın kendisi için hazırladığı bazı senaryolar nedeniyle kendini aniden şiddet dolu bir sahnenin içerisinde bulabilir. Eğer buna hazırlıklı değilse o anda pes edip kaçmaya çalışacaktır, oysa hayattan kaçamazsınız. Başınıza gelecek olaylardan kaçamazsınız ve kaçtıkça yeni oyunlarla karşınıza gelmeye devam eder dolayısıyla aşka, sevgiye, şefkate ve dostluğa olduğu gibi; kana, gözyaşına, acıya ve intikam duygusuna da alışkın olmak gerektiğini düşünüyorum çünkü her şey insana dair ve insanın karanlık yüzünü görmek istemeyen, veya görmezden gelen herkes hayatı anlamadan bu dünyadan göçüp gider.

İşin en acı tarafı da budur bence; hayatı anlamadan hayatı yaşamak. İşte ben bu taraftayım, yani hayatı anlamak ve her haliyle tüm duygulara açık olduğunu kabul etmek isteyenlerin tarafındayım. Üstelik hayat bazı sürprizlerle bize geldiği zaman şunu sormak anlamsızdır; "Ben bunu hak edecek ne yaptım?"

Öğrencilik hayatımızda hoca aniden sınıfa girip elindeki kağıtları dağıtırken "Sınav yapıyorum!" diye bağırdığı zaman "Ben bunu hak edecek ne yaptım?" diye sormuyoruz çünkü oranın bir okul olduğunu ve her an sınav yapabileceklerini biliyoruz. Hayata da böyle bakmak gerekir, her an hayatınız tepetaklak olabilir ve tekrar ediyorum ki hepsi tek bir anda meydana gelir, maalesef çoğunlukla önceden hiçbir sinyal vermez, dolayısıyla hazırlıksız yakalanmanız gayet doğaldır.

Mario Cavanni de hazırlıksız yakalanmıştı ama neye hazırlıksız yakalandığını onun ifadelerinden kendiniz çözebilirsiniz, ben detaylara girmeden önce sadece bu kadarını söyleyebilirim. Röportajı yapacağımız çarşamba akşamı için tüm gün iş yerimden izin aldım ve müdürlerime nereye ve ne için gittiğimi tam olarak söyledim. Bunu duyunca şaşırdılar ve benim bu meraklı halim onlara komik geldi hatta departman müdürüm şunları söyledi: "Gerçekten film gibi adamsın, kimin aklına gelir böyle işler?"

Piero eğer o partide bana bu konudan bahsetmeseydi, benim de aklıma gelmezdi ama işte hayat, onu benim karşıma iş olsun diye çıkarmamıştı ve beni bu röportaja dahil etmişti. İşin enteresan yanı, eğer benimle tanışmasaydı bu röportajı asla yapamazdı çünkü gizli formülümü bilmiyordu, oysa ben biliyordum.

Çarşamba sabahı Termini Tren İstasyonu'nda Piero ile buluştuk ve Milano'ya giden hızlı trene kendimi attıktan sonra ilk yarım saat boyunca neredeyse hiç konuşmadık. Sanırım o heyecandan pek uyumamıştı çünkü yorgun görünüyordu oysa ben dokuz saat kadar deliksiz uyumuştum. Tren yolculuklarımda her zaman tercih ettiğim üzere cam kenarına oturmuştum ve Piero bu konuda hiç sesini çıkarmadı, sanırım onu tarihi röportaja götüren trende nerede oturduğu umurunda bile değildi. Bir süre sessiz kaldıktan sonra benim dinç halime bakıp, "İyi uyumuşsun" dedi.

"Ama senin için aynı şeyi söyleyemeyiz" dedim.

"Biraz heyecan var, hem nasıl bir adamla karşılaşacağımı bilmiyorum hem de daha önce iki insanı gözünü kırpmadan öldürmüş bir insanın evine gitme fikri beni tedirgin ediyor. Üstelik onunla aramızda parmaklıklar olmayacak, açıkçası onunla hapisteyken görüşebilmiş olmayı tercih ederdim."

"Senin işin gereği çok sayıda zanlıyla yan yana geldiğini sanırdım" dedim.

"Bugüne kadar röportaj yaptığım en büyük suçlu bir tecavüz mahkumuydu ama insanları öldürmüş biriyle hiç görüşmedim."

Arkama yaslanıp "Korkmana gerek yok, sadece bir iş olarak bakmalısın" dedim.

"Daha önce katillerle yakın temas kurmuş gibi rahatsın" dedi.

"Çevrende tanıdığın veya bugüne kadar tanışmış olduğun insanların kimseyi öldürmediklerini nereden biliyorsun?" diye sordum, "Sence bunu yapmış olan birisi sana söyler miydi? Belki baban bile sen küçükken ailesini korumak için birini öldürüp evinin arka bahçesine gömmüş olabilir. Kimsenin hiçbir şey hissetmemiş olması, onun masum bir adam olduğunu gösterir mi?"

"Hiç böyle düşünmemiştim" dedi.

"Bence açıkça ben yaptım diyen bir adam, ben hayatımda hiç suç işlemedim diyen insanlardan daha tehlikeli değildir."

"Demek mahkeme ifadelerini okudun, suçunu hep açıkça kabul etmiş ve aynı durumda yine yapardım diyor."

"Fakat nasıl olduysa ömür boyu hapis almamış" diyerek onu böldüm, "Mutlaka geçerli bir sebep vardır, sanırım kız arkadaşının ifadeleri mahkemede etkili olmuştur. İlk olarak kavga iki kadın arasında çıkmış."

"Kesinlikle öyle" derken bana hayranlıkla bakıyordu, "Sana demiştim, senden kesinlikle iyi bir gazeteci olabilir, bence bunu bir düşünmelisin, istersen seni hemen bizim gazeteye aldırabilirim."

Bir süre ona bakıp gülümsedim ve sonra yeniden trenin camından bakarken ona bazı şeyleri açıklamam gerektiğini hissettim: "Bak Piero, asla senin işinde gözüm yok ve açıkçası yaptığın iş bana çekici gelmiyor, bu adamı merak ediyorum hepsi bu. Onun yaşadığı ruhsal değişimi bize anlatmasını bekliyorum çünkü bu bilgi insan ruhu üzerine aklıma takılan birçok şeye yanıt olabilir. Sen de insan ruhuyla ilgilendiğini söylemiştin, üstelik ikimiz de psikolog falan değiliz asla psikolog falan olmak da istemedim, çünkü insan ruhunu anlamak için psikolog olmaya gerek olduğunu hiç sanmıyorum. Bir şeyi merak etmek ve kendini bir konuda geliştirmek için kimseden izin alacak değiliz, öyle değil mi?" derken ona bakıyordum.

Gözlerini kırparak bana baktı ve rahatlamış gibiydi, sonra aniden aklıma gelmiş gibi ekledim: "Tamamen rahat olabilirsin bu haber kesinlikle senin başarın olacak ama benim ismimi geçirmeni KESİNLİKLE istemiyorum. Bunu benim şahsi merakım gibi düşünebilirsin, yani bir kariyer veya başarı hedefim falan yok, ben de kazanan takımda oynuyorum ama şampiyonluk kupasını sen kaldırıyorsun, anladın mı?"

"Her şeyin en baştan aramızda açıkça konuşulmasına sevindim" dedi. Ona karşı dürüst olmak iyi bir fikirdi, ne de olsa bir katille görüşeceği için yeterince gergindi ve korkuyordu. Belki de öldürülmekten korkuyordu, bilemiyorum.

Şeytan insanın içindeki en büyük gerçekliktir ve insan öncelikle kendi içindeki şeytanla yüzleşmek zorundadır, elbette kendi şeytanından kaçan bir insanın başkalarının şeytanıyla yüzleşmesi mümkün değildir ve hatta bu durum onu ürkütebilir. O sabah trende anladım ki Piero bir çömezdi ve kendi ruhundaki karanlıklara bile yabancı bir adamdı, korkak olmasını anlayışla karşıladım ve trenden dışarıyı izlemeye devam ettim. Bir süre sonra aramızda tam olarak hatırlamadığım konularda sohbet başladı, zaman geçirmek için konuşuyorduk aslında aramızda pek fazla ortak nokta yoktu ama yine de sohbeti kötü değildi, hemen her konuda bilgili bir adamdı ve bunu göstermeyi de seviyordu. Entelektüel insanlarda bu özellik vardır, bir şeyleri kendilerini geliştirmek için değil de başkalarına göstermek için öğrenmeyi severler çünkü övgü almak insanın en büyük zaafıdır, kimse beğenilme duygusuna karşı gelemez.

Milano'ya yaklaşırken Arnavut arkadaşımı aradım ve bir arabanın Milano Centrale Tren İstasyonu'nun dışında bizi beklediğini öğrendim, o araç bizi Milano'dan alıp Cenova'ya götürecekti, yaklaşık iki saatlik bir araba yolculuğu bizi bekliyordu.

İstasyonda inince bana verilen telefon numarasını aradım ve bize eşlik edecek adamın çok temiz Milano aksanıyla bana tarif ettiği yere gittiğimizde siyah *Audi A7* aracı bulduk. Şoför koltuğundaki adam araçtan inerek el çantalarımızı bagaja koydu ve hiç vakit kaybetmeden araca binmemizi söyledi. Siyah takım elbisenin içine yine siyah gömlek giymişti, 1.90 boylarında olmalıydı ve enteresan bir özellik olarak konuşmayı sevmiyordu. Havadan, sudan sorduğumuz soruları yanıtsız bıraktı ve sadece iki saat yolumuz var demekle yetindi. Bana kalırsa yeterince vaktimiz vardı çünkü akşamüstü saat beş civarında Cenova'da olacaktık, bu durumda röportaj randevumuz saat altıda olduğu için bir saat vaktimizi yemekle geçirebilirdik ve ardından röportaj sonrası saat sekiz gibi Milano'ya dönüş yoluna çıkabilirdik.

Her şey planladığımız gibi ilerliyordu dolayısıyla memnunduk. Yolda giderken Piero ile röportaj dışındaki her konuda konuştuk ama dikkatimi çeken bir şey vardı; gittikçe gergin hali daha belirginleşiyordu, sanki bunu yapmak istemiyor gibiydi ya da daha sonra bana itiraf ettiği üzere içinde onu tedirgin eden bir his vardı. Her ne kadar bunu benimle yol boyunca paylaşmak istemese de her halinden belli oluyordu, dolayısıyla onun pek üstüne gitmedim ve kulaklıklarımı takarak yol boyunca müzik dinlemeyi tercih ettim. Cenavo'ya az mesafemiz kalmıştı ki arabayı yol kenarındaki bir tesise çeken Luigi (şoföre bu ismi veriyorum ama elbette gerçek ismi bu değildi) yemek için bir saat vaktimiz olduğunu söyledi. Tesiste biraz vakit geçirmek bence de iyi bir fikir olabilirdi çünkü hava henüz kararmamıştı ve dağların arasında güzel bir yer bulmuştuk, temiz hava alarak biraz yürüyüş yaptık ve sonra birer sandviç yedik, Luigi kafede oturmasına rağmen gözünü bir an olsun bizden ayırmıyordu. Orada yaklaşık 45 dakika zaman geçirdikten sonra yeniden yola koyulmaya karar verdik, bizi bekleyen sorulara ve yanıtlara doğru gitmemiz gerekiyordu.

İşte yolculuğun bu son aşamasında Piero hiç beklemediğim bir teklifte bulundu ve "Sen bana göre daha hazır görünüyorsun, bazı soruları sen sormak ister misin?" dedi.

Kafamı olumsuz anlamda salladım ve ona şöyle dedim: "Bu senin zaferin ben sadece eşlik ediyorum bunu unutma, ayrıca benim aklıma bir soru gelirse zaten sorarım, kesinlikle tereddüt etmem bundan emin olabilirsin. Bende her şey spontane gelişir, senin yerinde olsam soru bile hazırlamazdım."

"Nasıl yani?" der gibi bana bakıyordu.

"Ben bir adamı yakından görmeden ona ne sormam gerektiğini bilemem, belki de gördüğüm anda daha önce düşündüğüm her şey tuzla buz olabilir dolayısıyla hazırlık yapmadan gitmeyi tercih ederim çünkü spontane yaşamayı seviyorum, her şeye hazırlıklı olmak iyidir. Belki de adam, 'Sizi kabul ettim ama bu konudan bahsetmek bile istemiyorum' diyecek, bize nasıl davranacağını nereden biliyorsun?" diye sordum.

"Umarım böyle bir şey olmaz" diye yanıt verdi.

"Merak etme" dedim, "Onu konuşturmanın bir yolunu buluruz."

Bir süre daha sessizce motorun sesini dinledik ve sonra Mario Cavanni'nin evine ulaştık. Cenova'nın mimarisiyle insanı büyüleyen sokaklarından geçerken lüks bir muhitte olduğumuzu fark etmiştim, yaz gecesinde hava kararmak üzereydi ama yine de sokaklardaki cıvıltılar canlıydı, insanlar sokaklarda bizim amacımızı bilmeden arabaya bakıyorlardı, camları tamamen siyah bir araba, hapisten sadece beş gün önce çıkmış bir katilin karanlık ruhunu keşfetmek için buraya kadar yolculuk etmişti. Onun dairesinin bulunduğu apartmanı adeta ezbere biliyormuş gibi bulan Luigi, sessiz kalmaya devam ediyordu. Arabayı park etmeden önce sokakta park halinde duran başka bir arabayı fark etti ve o aracın yanına gidip camını açtı, arabadaki iki adam da camlarını açtılar ve Luigi'nin onları tanıdığını o anda anladım, "İşimiz iki saat sürecek" dedi, onlar da cevaben başlarını salladılar.

Anlaşılan bize eşlik eden sadece Luigi değildi ve bunu fark eden Piero bir an bakışlarını bana çevirip "Sen tam olarak kimsin?" der gibi baktı ama ben kulaklığımda *Madera - Rapossa Remix* dinlemekle meşguldüm. Kendimi müziğe bırakmıştım.

Bu adam gerçekten lüks bir muhitte oturuyordu ve apartmanın beşinci katına çıkan antika asansöre bindiğimizde esnemeye başladım, yol beni biraz yormuştu, üç kişi asansöre bindik ve yavaşça çıkarken kulağımıza gelen tıkırtıları dinledik. Beşinci kata geldiğimizde 18 numaralı dairenin kapısını Luigi çaldı. Dairenin kapısını elli yaşlarında bir kadın açtı, yüzünde hiçbir ifade yoktu ve bizim neden geldiğimizi bildiği anlaşılıyordu ama ziyaretimiz sanırım ona hiçbir şey ifade etmiyordu. Kendisinde sekreter havası vardı. Sanki kendisine söylenen şeyleri ezbere ve hiç yargılamadan yapan insanlar gibi mekanik hareket ediyordu.

Kadın bize bekleme salonu kıvamında olan büyük bir salonu işaret etti ve o sırada evin içindeki yemek kokuları burnuma geldi. Bu kadın Mario Cavanni'nin kız arkadaşı falan olmalıydı, tipi bana nedense tanıdık gelmişti ama onu nerede görmüş olabilirdim çıkartamadım. Bu düşünce bile bana saçma geldi, kadını tanıyor olamazdım. Sonra beklemeye başladık ve Luigi bir koltuğa oturmuş telefonunu karıştırıyordu. Belinde bir silah olduğundan emindim ama bunu ispat edemezdim. Hatta o silahın dolu olduğundan emindim ama bunu da ispat edemezdim. Sonra diğer yanımda oturan Piero'ya baktım, arabada olduğu kadar gergin görünmüyordu. Sakince bekliyor gibi bir hali vardı, ben merak içindeydim çünkü bu röportaj sıradan bir insanla yapılmıyordu, dolayısıyla hayatınızda her zaman böyle bir ana şahitlik edemezsiniz, bunun farkındaydım. Sanırım yarım saat kadar bekledik ve sonra az önce bize kapıyı açan kadın salona gelerek bizi içeri almak istediğini söyledi, kadını takip ederek karanlık bir koridordan geçtik ve sonra solumuzdaki kapılardan bir tanesini aniden açarak bizi içeri aldı. Önümüzde beliren bu salonda, kapının on metre kadar karşısındaki pencerenin önünde duran tekli koltukta oturan adamı Google'da yer alan fotoğraflarından hemen tanıdım, bu adam Mario Cavanni'den başkası değildi.

Bir an duraksadım çünkü gördüğüm karelerden bile daha masum geldi gözüme, asla bir suç işleyecek bir adam değil tanımlaması az gelir, onun masum olduğuna dair mahkemede tanıklık edebilirdiniz, ama bunları kapıdan henüz içeri girmeden on metre mesafeden ona bakarken düşündüm, oysa içeri girip yanına gidince ona elimi uzattığım zaman gözlerine iyice baktım ve onun bir katil olduğunu hemen anladım.

Bu kitabın daha önceki bölümlerinde insanlarla tanıştığım zaman en fazla üç dakika içerisinde onların ruhundaki enerjiyi okuyabildiğimi yazmıştım, bu defa üç dakikaya ihtiyacım yoktu. Sadece on saniye içerisinde birbirimize gülümsedik ve ben, onun hepimizi sadece birkaç dakika içerisinde öldürebileceğini biliyordum, çünkü gözlerindeki şeytan bana gülümsüyordu. On beş saniye kadar hiçbir şey söylemeden bakınca tedirgin oldu ve buna rağmen elini bir süre bırakmadım, uzun uzun sıktım ve "Memnun oldum" dedim.

"Sanki daha önce bir yerlerden tanışıyor gibiyiz" dedi.

"Bence biz tanışmıyoruz ama ruhlarımız tanışıyor olabilir" dedim. Ne demek istediğimi anladı ve elimi bıraktı, benden hoşlanmamıştı. *Hiçbir şeytani dürtü, kendini açıkça ortaya koymaktan hoşlanmaz ve karanlıkta saklanmayı tercih eder.*

Benden sonra Piero ona yanaştı ve çok kısa bir an için elini sıktı, Luigi ise hiç oralı olmadı ve kapıyı kapatırken içeride kapıya en yakın sandalyeye oturdu. Adamın yanına gelmedi bile.

Piero adamın hemen karşısına yerleştirilmiş en yakın sandalyeye oturdu ben ise salonun sağ tarafındaki duvarı kaplayan aynanın önüne çekilmiş tek kişilik koltukta bacak bacak üstüne atarak oturdum. Geniş bir salondaydık, az önce vakit geçirdiğimiz salonun iki katı büyüklüğünde olmalıydı. Kimsenin beklemediği şekilde lafa girdim ve ortamı yumuşatmak için "İki saat vaktimiz olduğunu biliyoruz" dedim "Ve sizi yormak istemeyiz, öncelikle davetimizi kabul ettiğiniz için teşekkürler."

Cevap vermeden dinliyordu, yüzünde dingin bir ifade vardı ancak o belirsiz gülümseme yerleşik halde suratının ortasında duruyordu. Cinayetleri işlediğinde otuzlu yaşlarında olan bu adam şimdi ellilerindeydi ama yine de yaşına göre gayet dinç görünüyordu sanki kırklarında gibiydi.

Piero çantasından defterini ve kayıt cihazını çıkarırken Mario Cavanni herkesi tedirgin eden bir şey yaptı ve aniden yerinden kalkıp salonun içinde ileri geri yürümeye başladı. İlk başta ne yaptığını anlamadım ve sol çaprazımdaki kapının yanında oturan Luigi ile göz göze geldik ama kimse kıpırdamadı ve bir süre onu izledik. Piero sorularına başlamadan önce salonda sessizce birkaç tur attı ve sonra yeniden yerine oturdu.

Piero ilk soruyu yöneltti: "O anları tüm detaylarıyla hatırlıyor musunuz?"

"Yağmurlu bir nisan akşamıydı, sevgilim Cassandra ile birlikte alışveriş için dışarı çıkmıştık, onun yaklaşan doğum günü için bir hediye almak istiyordum." Bir süre durakladı ve yutkundu, konuşurken inanılmaz ağır davranıyordu, bu iki cümleyi söylerken tüm kelimeleri düşünerek söylüyor gibiydi. Bu arada bahsettiği sevgilisi biraz önce bize kapıyı açan kadından başkası değildi, onu internetteki resimlerinden tanımıştım ama yaşlanmıştı elbette.

Sonrasında devam etti:"Hiç beklemediğimiz şeyler oldu ve kendimi bir kabusun içinde buldum." Daha fazla konuşmak istemedi ve salondaki tavana baktı.

Piero başka bir soruya geçti: "Sizi tam olarak öfkelendiren neydi?"

"Gerçekten o anları hatırlamıyorum, yağmurlu bir akşam olduğunu hatırlamam bile büyük bir olay, nereden aklımda kalmış bilmiyorum."

Üç dakika kadar sustu ve hepimiz nefesimizi tutmuş ona bakıyorduk, "Bunları yeniden hatırlamak bana kendimi iyi hissettirmiyor."

Böyle giderse Piero hiçbir sorusuna adam akıllı bir yanıt alamayacaktı, bir müdahale etmem gerektiğini biliyordum ama sessizce beklemeyi tercih ettim.

"Kavga neden çıktı sizce?"

"Cassandra ile yaya geçidinden geçiyorduk ve onlar bir arabanın içindeydiler. Aniden yaya geçidine kırmış olmalılar ve bizim geçtiğimizi görünce fren yaptılar. Kadın arabanın açık camından bağırdı, 'Hadi acele etsene kaltak' diye bağırdı, öyle hatırlıyorum."

Biz bu detayları bilmiyorduk ve şaşırdık, hiçbiri internetteki haberlerde yazmıyordu.

Piero hemen araya girdi, "Nasıl yani arabadan indiler ve siz onları öldürdünüz öyle mi?"

Bir süre yanıt vermeden Piero'ya baktı, en az dört dakika boyunca baktı ve hiçbir şey söylemedi, yüzünde çok garip bir ifade vardı ve sürekli gülümsüyordu. Sonra şunları söyledi: "Elbette hayır. Orada bir şey olmadı, arabayla uzaklaştılar. Ama ben kadının yüzünü görmüştüm, sevgilime kaltak diyen kadını iyice görmüştüm."

Luigi sessizce dinliyordu ve ben de aynısını yapıyordum, şunu itiraf etmeliyim ki Mario Cavanni'nin o akşam röportaj sırasında sadece gülümseyerek ve çok ağır konuşarak üçümüz üzerinde yarattığı korkunç etki inanılmazdı, kelimelere dökmekte zorlanıyorum.

Adamın hiçbir şeyle ilgili acelesi yok gibiydi, sanki onun hayatında zaman diye bir kavram yoktu ve soruları umursamaz bir tavırla yanıtlıyordu. Nedense her soru ona garip geliyor gibiydi.

Piero "Kindar biri misiniz?" diye sordu, şaşırtmacalı bir soru olduğu kesindi ama Mario buna hiçbir yanıt vermedi. Bize verilen süre içinde üç dakika daha sessizlik içinde akıp gitti.

Piero başka bir deneme yaptı: "O akşam onları öldürdüğünüze göre takip etmiş olmalısınız bu da kindar olduğunuzu gösterir, öyle değil mi?"

Mario bu defa şöyle yanıt verdi: "Ben kindar birisi olduğumu sanmıyorum." Yaklaşık yedi dakika boyunca hiç konuşmadan her birimize baktı, kafasını yavaşça benden Luigi'ye doğru çevirdi ve sonra yine Piero'ya baktı, "Ben kindar değilim ve o akşam olanların kin duygusuyla bir ilgisi olduğunu sanmıyorum. Ben Tanrı'ya inanıyorum, bence orada bizi izliyor. Ben her zaman kiliseye giden bir adam oldum, bence kader diye bir şey var ama biz onu kontrol edemiyoruz, o bizi her zaman kontrol altında tutuyor. İnsan hayatında olan biteni asla kontrol edemez. Ben o akşam olanların kindar olmamla bir ilgisi olduğunu düşünmüyorum çünkü kin tutacak kadar vaktimiz yoktu. Biz sevgilimle sokaklarda gezmeye devam ettik ve sonra karnımız acıkmıştı. Biz sevgilimle her zaman gittiğimiz et restoranında yer ayırtmıştık ve o akşam sekiz civarında oraya gittik. Orada tekrar karşımıza çıktılar!"

O anda yutkundum çünkü gerçekten kader diye bir şey vardı ve ondan kaçmak imkansızdı. Bu olayın gazetelerde anlatıldığından çok daha derin olduğu anlaşılıyordu ve bu bilgilere internette ulaşmak mümkün değildi. Birinci ağızdan cinayetleri işleyen adamın karşımızda tüm detayları anlatıyor olması tüylerimi diken diken etti, sessizce arkama yaslanmış olan biteni izliyordum. Bu arada yukarıdaki bir paragraf konuşmayı hep duraksayarak yapan Mario on dakika kadar sürekli durarak konuşmuştu, her cümlenin sonunda durup düşünüyordu ve bu arada etrafına bakıyordu.

"Onlar karşımıza yine çıktılar" dedi, "Ben kadının yüzünü görmüştüm ve bu kadın benim sevgilime küfür etmişti. Ben cevap veremeden arabalarıyla çekip gittiler ama sonra restoranda yine karşımıza çıktıkları zaman, bunun ilahi bir anlamı olduğunu anladım ve sevgilimden müsaade isteyerek onların oturduğu masaya gittim. Tek amacım kadının özür dilemesini istemekti çünkü ben asla kaltak denecek bir kadınla ilişki yaşayamam, bakın ben her pazar kiliseye giden bir adamım. Ayrıca her ne kadar bana belli etmese de sevgilim de o kadını tanımıştı, olay çıkmasın diye bana söylemedi, ama o kadını gördüğümü fark etmişti. Bu hakareti hak edecek hiçbir şey yapmadık, biz sadece yaya geçidinden geçiyorduk."

Bunları yirmi dakika içinde söyledi, tam yirmi dakika. Son iki cümleyi sekiz dakikalık bir sessizliğin ardından ve iyice düşündükten sonra söyledi.

"Ben masalarının yanına gittim ve kadın beni görünce *Bak yine bu pislikler* diye adama söyledi. Ben bunu söylediğini duydum, oysa gayet iyi giyimli biriyim ve sevgilim de öyledir, biz iyi yaşayan insanlarız ve bir türlü neden böyle davrandıklarını anlamıyordum, ben bu insanların neden bana ve sevgilime aşağılık birer varlık gibi hitap ettiklerini bilmiyordum ama sanırım o anda anlamak istedim ve sordum. Bu sefer adam yanıtladı ve *Defol git bizi rahatsız etme* diye bağırdı, bana *Siktir git* dedi. Üstelik bunu yakındaki masada oturan sevgilim de duydu, benim artık pek bir saygınlığım kalmamıştı, adam sonra beni uzaklaştırmak için oturduğu yerden kalktı ve benden oldukça uzun ve iriydi, sanırım buna güveniyordu beni çelimsiz görmüş olduğunu anladım."

Bir süre sustu, hepimiz susmuştuk ve ben derin düşüncelere dalmıştım. Anlattığı her anı tekrar yaşıyor gibiydi ve bu durum onu yoruyordu, aslında o anlara dönmek istemiyordu ama yine de sakin durmaya çalışıyordu. Bütün bu olayları birebir olarak yaşamış kadının, bize az önce kapıyı açan kadın olduğunu hatırladım ve irkildim.

Piero "Restorandan sizi çıkardılar mı?" diye sordu.

"Evet garsonlar geldi ve çıkardılar, o arada bizim masaya dönüp son derece keskin olduğunu fark ettiğim bir servis bıçağını cebime atmıştım. Çıkarken yine onların masasının yanından geçtik ve o sırada adama bakarak *Senin karını düzerim*! dedim. Tek amacım onu dışarı çıkarmaktı ve öfkelendirmek istedim. Biz çıkarken arkamızdan adamın kalktığını duydum, küfürler ediyordu *Ben sana şimdi göstereceğim* falan bunları duydum ama kadının daha ağır sözleri kulağıma geldi, kız arkadaşıma küfrediyordu."

"Sevgilim oradan hemen gitmemiz için yalvardı çünkü öfkelendiğim zaman kendimi kaybettiğimi biliyordu ama ben bu hakaretlerin altında kalmak istemedim ve dışarı çıkınca karşı kaldırıma geçtik, onu bir taksiye bindirip yollamak istedim ama beni bırakıp gitmedi, kaldırıma yığıldı çünkü onlara zarar vereceğimi anlamıştı. Adamın restorandan çıktığını gördüm, bir süre etrafına bakındı eğer masalarına gittiğim zaman bana adam gibi davranmayı becerebilseydiler kendi yoluma bakacaktım, sevgilimin yanında özür dilemeleri yeterliydi, konuyu hemen kapatırdım. Aslında sessiz kalmaları bile benim için yeterli olacaktı, onların masasına gittiğim zaman sanki bir deliymişim gibi sessiz kalıp uzaklaşmamı bekleselerdi yine konu kapanabilirdi ama sürekli hakaret etmeye devam ettiler ve kadının yüzündeki o ifadeyi unutamıyorum sanki benimle ve sevgilimle dalga geçer gibiydi, adeta siz kimsiniz de sizden özür dileyeceğiz diyen o bakışlarını hatırlıyorum, tam olarak tarif etmem gerekirse küstahlık yapıyordu..."

Piero daha fazla sorusu olmadığını söyledi ve bize zaman ayırdığı için ona teşekkür etti. Giderken onu sadece uzaktan selamladık, çünkü artık kimse onunla el sıkışmak istemiyordu. Bu itirafların ne kadarını bu kadar detaylı olarak 20 yıl öncesinde polise anlatmıştı bilmiyorum ama bize yaptığı itiraflar Piero'nun gazete haberi için fazlasıyla sansasyon getirdi. Röportajın yayımlandığı hafta boyunca telefonunun durmadığını söyledi ama sanırım ikimiz de sonraki aylar boyunca, Mario Cavanni'nin bir sokağın kaldırımında akşam saatlerinde boğazladığı karı kocayı ve kadının can çekişen vücudunun halini bir kabus gibi görmeye devam ettik.

Dediğim gibi, insan ruhunun karanlık yüzü sadece aldatma hikâyelerinden ibaret değildir ve her zaman daha fazlası vardır. Ben bu röportajın ardından uzun süre yemek yiyemedim...

Adil Yıldırım

FLÖRT ETME SANATI

Kişisel Gelişim / 176 Sayfa / ISBN 978-625-7217-87-3

EKLENMİŞ 10 YENİ BÖLÜM ve 64 YENİ SAYFASIYLA GENİŞLETİLMİŞ BASKI

Flört bir sanattır ve inceliklerini bilirseniz hayatınıza renk katan bir oyun haline gelir.
Flört etme sanatında başarılı olmak için birtakım becerilere sahip olmanız gerekir ve o noktaya geldiğinizde bu oyundan en çok keyif alan siz olursunuz.
İlişki koçu ve yazar Adil Yıldırım bu kitabında Türk toplumunun kadim yarasına dokunuyor. Dünyaca ünlü James Bond filmlerinden örnek flört sahneleri veriyor, sırtlan erkeklerden avcı kadınlara uzanan geniş yelpazeyi anlatıyor ve en gizemli flört taktiklerini ilk defa açıklıyor: Neden flört edemiyoruz? Flörtün altın kuralı nedir? Flörtü kim başlatır? Flörtün amacı nedir? Flört etme sanatında nasıl başarılı olabilirsiniz?

Adil Yıldırım

50 MADDEDE İLİŞKİLER

Kişisel Gelişim / 232 Sayfa / ISBN 978-605-7865-92-2

KADINLAR İÇİN ERKEKLERİ ANLAMA REHBERİ

İlişkide mutluluk arıyor ancak bulamıyor musunuz? Aşkı deliler gibi yaşamak isterken mutsuzluktan ve öfkeden deliye mi dönüyorsunuz? Partnerinizin ne dediğini anlamaya çalışırken tükendiğinizi mi hissediyorsunuz?

O halde bu kitap sizler için. Adil Yıldırım, *50 Maddede İlişkiler*'de partnerinizle doğru bir iletişim kurmanın ve mutlu bir ilişkinin sırrını açıklıyor. Erkekler ile kadınlar duygu ve düşünce dünyaları bakımından ne gibi farklılıklar gösterir; hangi erkeklerle ciddi ilişki düşünebilirsiniz, hangilerinden koşar adım kaçmanız gerekir; erkeklerin sözleri ve davranışları kadınlara neler anlatır, kadınlar ne anlar; erkeklerin kadınlara ve ilişkiye bakış açısı nasıldır; gerçek aşkı bulduğunuzu nasıl anlarsınız... Kadın-erkek ilişkilerine dair bu ve bunun gibi pek çok sorunun cevabı bu kitapta.

50 Maddede İlişkiler ilişki koçu Adil Yıldırım'ın kaleme aldığı, ruh eşini bir gün bulacağına inanan ve inancını asla kaybetmeyen tüm papatyalar için etkili bir rehber.